COLECÇÃO

COMPENDIUM

CHIADO
BOOKS

Portugal | Brasil | Angola | Cabo Verde

Um livro vai para além de um objecto. É um encontro entre duas pessoas através da palavra escrita. É esse encontro entre autores e leitores que a Chiado Editora procura todos os dias, trabalhando cada livro com a dedicação de uma obra única e derradeira, seguindo a máxima pessoana "põe quanto és no mínimo que fazes". Queremos que este livro seja um desafio para si. O nosso desafio é merecer que este livro faça parte da sua vida.

www.chiadobooks.com

CHIADO
B O O K S

Portugal | Brasil | Angola | Cabo Verde
Edifício Chiado – Rua de Cascais, 57, Alcântara – 1300-260 Lisboa, Portugal
Conjunto Nacional, cj. 205 e 206, Avenida Paulista 2073,
Edifício Horsa 1, CEP 01311-300 São Paulo, Brasil

Espanha | América Latina
Paseo de la Castellana, 95, planta 16 – 28046 Madrid
Passeig de Gràcia, 12, 1.ª planta – 08007 Barcelona
Brickell Avenue 1221, Suite 900 – Miami 33131 Florida United States of America

U.K | U.S.A | Irlanda
180 Picaddilly, London – W1J 9HF
Brickell Avenue 1221, Suite 900 – Miami 33131 Florida United States of America
630 Fifth Avenue – New York, NY 10111 – USA

Itália
Via Sistina 121 – 00187 Roma

© 2019, Wagner Azevedo e Chiado Books
E-mail: geral@chiadobooks.com

Título: Dicionário de Vozes de Animais
Editor: Andréa Albuquerque
Coordenador Editorial: Vasco Duarte
Composição gráfica: VS
Capa: Mariana Gil Fialho Amaral
Revisão: Barbara Lima da Conceição e Wagner Azevedo

1.ª edição: Setembro, 2019
ISBN: 978-989-52-6180-2
Depósito Legal n.º 458022/19

Wagner Azevedo

Dicionário de Vozes de Animais

CHIADO

BOOKS

Portugal | Brasil | Angola | Cabo Verde

AGRADECIMENTOS

Agradeço:

À minha mãe Vera Lúcia Netto Pereira [*in memoriam*] que sempre me incentivou nos estudos.

Ao meu irmão Silvio Azevedo Pereira.

[*In memoriam*] à professora d. Maria, minha primeira professora que me ensinou a ler e escrever.

A todos os professores do COLÉGIO ESTADUAL ANTÔNIO DA SILVA, de Nova Iguaçu, Rio de Janeiro, Brasil. Foi onde estudei todo meu Ensino Fundamental e Médio.

À professora e amiga Annie Gomes Redig, quem me incentivou a desenvolver esta obra inédita para as crianças.

Ao professor e amigo Messias Braz, quem fez o prefácio.

À professora e amiga Barbara Lima da Conceição.

Ao amigo português João Paulo Amaral, quem fez a ponte entre mim e sua filha Mariana Gil Fialho Amaral.

À *designer* portuguesa Mariana Gil Fialho Amaral que, d'além-mar, de Setúbal, Portugal, elaborou essa belíssima capa.

A todos os professores e professoras que passaram pela minha vida e me ensinaram os caminhos corretos.

Às bibliotecas públicas do Rio de Janeiro: Biblioteca Nacional; Biblioteca Parque; Biblioteca Comunitária da UERJ e de Letras; Biblioteca Municipal Cial Brito, no Espaço Cultural Sylvio Monteiro, em Nova Iguaçu; e a todos os bibliotecários e funcionários delas.

Este dicionário é dedicado a Annie Gomes Redig

ÍNDICE

AGRADECIMENTOS 7

PREFÁCIO 13

NOTA PRELIMINAR 15

APRESENTAÇÃO 17

AS VOZES 19

Verbos (de origem onomatopaica) 43

Substantivos (de origem onomatopaica) 59

ÍNDICE REMISSIVO (1) 71

REFERÊNCIAS BIBLIOGRÁFICAS 89

PREFÁCIO

Oba! Acho que essa é a palavra mais legal para dar as boas-vindas a esse dicionário que está em suas mãos. Por que foi legal pensar em um livro como esse? Porque tudo que a maioria das pessoas fazem é para ajudar outras pessoas como eu e você.

Podemos pensar: para que serve um livro chamado: "Dicionário de vozes de animais"? O nome já diz quase tudo. Podemos aprender com ele muitas coisas a respeito da natureza e do meio ambiente, principalmente sobre os animais, claro! Quando ouvimos o som dos bichos, não é o barulho que ouvimos, é a voz deles. Estão conversando entre si ou tentando nos dizer alguma coisa. Deixa eu te dar um exemplo: quando um cachorro está alegre, ele late assim: *Au! Au!* Quando ele não está nada bem ou quando alguém bateu nele e doeu, ele faz: *Ca-im! Ca-im!* Ladrar é o que nosso cachorro está fazendo. Você sabia que o nome era esse?

Posso garantir que você vai ter grandes surpresas sobre um monte de informações que tem aqui dentro sobre os animais. Além disso tem barulho (ops!), vozes que a nossa cabeça nem pensava que existia.

Outra coisa, quando você abrir esse dicionário, vai ler nomes de animais que vai além da sua imaginação! Tu sabes o que é uma rã? Um hipopótamo? Um javali? Um cisne? Um cã-cã? Se sabes que bichos são esses, posso quase garantir que não sabes as vozes deles. E de todos os que estão aqui dentro?

Depois de satisfazer a curiosidade sobre as vozes desses animais, você vai querer saber mais sobre eles. Se são grandes e desengonçados; pequenos e espertos; de uma cor só ou todo colorido; se voam ou se correm; se gostam mais da escuridão ou do dia; se são bravos ou mansos; os lugares onde moram: se numa árvore ou numa caverna; se pode machucar a gente se ficar perto ou mexer com eles; o que gostam de comer e o que não gostam de comer. E um monte de outras coisas! Você sabia que tem alguns que não gostam de tomar banho? (Credo! Nossa! Deus me livre!).

Tem gente que mora na cidade e tem gente que mora longe da cidade. Esses lugares são chamados de roça, interior, mato e fazenda. Quem mora nesses lugares, tem mais chance de encontrar esses animais, especialmente as aves, porcos, bois, vacas e cavalos. Viu como tem bastante coisa boa dentro desse dicionário?

E de quem foi a ideia genial de fazer esse livro? O nome dele é Wagner Azevedo. Ele já é adulto (gente grande), mas um dia já foi criança como você. Quando criança não faltava aula, tirava boas notas e fazia o dever de casa. No recreio ele aproveitava para comer a merenda que a dona Vera Lúcia, mãe dele, preparava. Só depois de lanchar é que ele ia brincar com os amigos.

Ele me contou que fez esse dicionário para as crianças, para ajudá-las a entender que ler e aprender pode ser muito divertido. Tudo bem que esse dicionário foi feito para vocês, mas tenho certeza que os adultos também vão curtir bastante.

Ah! Já ia me esquecendo, meu nome é Messias Braz e o Wagner me pediu para escrever essas palavras sobre o seu dicionário como prova da nossa amizade que já tem muitos anos.

Boa leitura e boa diversão!

Messias Braz
Pedagogo e Especialista em Educação étnico-raciais

NOTA PRELIMINAR

Este dicionário é fruto do incentivo da minha professora e amiga Annie Gomes Redig quando comentei sobre a minha primeira publicação do *Dicionário de onomatopeias e vocábulos expressivos: registrados nas literaturas brasileira e portuguesa, em letras da MPB e nas histórias em quadrinhos*. Ela, então, sugeriu que eu desenvolvesse também um dicionário com as vozes dos animais para crianças. E foi o que fiz. Após longas pesquisas e muito trabalho, aqui está este presente para todos e, principalmente, para os pequenos. Como bem disse o escritor francês Anatole France: "... nada melhor do que aprender se divertindo". E aprender as vozes dos animais é a maior diversão.

Eis algumas observações sobre este DICIONÁRIO DE VOZES DE ANIMAIS: INTERATIVO:

1 - Estão registrados neste dicionário as *vozes dos animais*: a) *racional* (ser humano) e *irracional* (animais e insetos);

2 - Os números entre parênteses remetem à numeração em outro verbete. Exemplo: "cantado **1** *que se cantou*; **2** *que é enunciado, festejado ou louvado por meio de* **canto** *(2)*...;

3 - As onomatopeias aqui registradas referem-se apenas às *vozes de animais* e não a outro tipo de ruído (como fenômenos da natureza, pancada, máquinas etc.). Fogem à regra das *vozes de animais* apenas as *locuções* que levam a *onomatopeia* referindo-se à outra situação. Ex.: "**c) cantar o facão** refere-se a *usar o facão em briga*; **d) cantar pneu** refere-se a *acelerar o carro*" etc." Entretanto, eles não estarão no Índice Remissivo;

4 - Os sinônimos estão apenas no *Índice Remissivo*. Exemplo: *voz do* pato ... **grasnada; grasnadela; grasnido; grasno; quá, quá; quac!** ou **quack!; quém-quém; ré-ré-ré! berré!**, e não nos verbetes. Exemplo: **grassitar** *voz do pato*.

5 - Há uma diferenciação entre a *ave* (ovíparo grande) e o *pássaro* (ovíparo pequeno). Entretanto, os dicionários apresentam-nos como sinônimos. Aqui adotaremos preferencialmente *ave* para todos e às vezes haverá distinção.

Abreviaturas e siglas usadas no dicionário:

adap. = adaptação
atual. = atualizada
aum. = aumentada
cor. = corrigida
fig. = figurado
geral. = geralmente
NE = Nordeste
p. ext. = por extensão
publ. = publicado
rev. = revista (verbo)
s/d. = sem data
trad. = tradução
vol. = volume

APRESENTAÇÃO

A ONOMATOPEIA

A ONOMATOPEIA (éi) é substantivo feminino de origem latina *onomatopoeia* do empréstimo do grego *onomato-poia* e possui o significado de "dar nome", "criação de palavras"; o mesmo que *onomatopoese* e *mimologia*.

A onomatopeia é o vocábulo cuja pronúncia imita o som natural ou artificial e aproximado da coisa significada (*chiar* do carro); tenta reproduzir a voz produzida por pessoas (*apupar, plaft, piscar, rasg!*); por animais (*ronronar* do gato, o *cucar* do cuco, *piar* do pássaro, *regougar* da raposa, *mugir* do boi); pela natureza (*farfalhar* do vento, *ribombar* do trovão, *xererém* da garoa).

Nas histórias em quadrinhos (HQ) às vezes ela é muito utilizada com cores e tamanhos variados para em efeitos gráfico-visuais representar e/ou acentuar expressões e situações dos personagens.

Linguisticamente a onomatopeia pode ser palavra monossilábica: *pum!, pá, tum!*; palavras duplicadas (*zum-zum*); acompanhadas de alternância vocálica (*brrrrr!, chuá!, bem-te-vi*); outras não seguem as regras do sistema fonológico ou morfológico da língua (*pssst!, fzzzt!, tsc-tsc!*).

As onomatopeias podem ser classificadas em:

a) Onomatopeias autênticas ou puras: são as que imitam aproximadamente o barulho. Exemplo: *tique-taque, au-au, miau*.
b) Onomatopeias interpretativas: são as que ideologicamente imitam uma sequência fonética, morfológica etc. Exemplo: *estou-fraca, fogo-apagou, trinta-réis*.
c) Onomatopeias verbais. Exemplo: *mugir, piar, arrulhar*.
d) Onomatopeias interjetivas. Exemplo: *xô!, tibe!, ecô!*.
e) Onomatopeias acidentais: são as elaboradas por quem deseja utilizá-las em determinada situação.

Os VOCÁBULOS EXPRESSIVOS não estão especificamente relacionados ao som, ao barulho, como ocorrem com as onomatopeias, e sim, à ideia de algo que se pretende denominar com o recurso dos fonemas da língua. Exemplo: *ai!, bruzundanga, lero-lero, mixuruca, piscar, ximbute, xonga, ziquizira, trincolhos-brincolhos*.

O HIPOCORÍSTICO, adjetivo e substantivo masculino de origem grega *hupokoristikós* "acariciante, suavizante", é o vocábulo utilizado carinhosamente no meio familiar ou pela comunidade por questões afetivas: *Bibi, Juju, Lulu, Zezé*, muitas vezes pelos *redobros silábicos*.

O REDOBRO, *duplicação* ou *reduplicação* é um processo formal de repetição, tanto de uma sílaba quanto do vocábulo inteiro, para se obter efeitos expressivos. Abrange, por exemplo, a linguagem infantil (*babá, pipi, cocó, mimi, papá, titia*) e os já citados hipocorísticos afetivos familiares (*Lulu, Dedé, Tetê*), apresentando uma forte carga onomatopaica. É provável que todas as expressões que possuem sua forma dobrada e que nos dicionários não os apresentam como onomatopaicos sejam, sim, dessa origem: *vite-vite, tio-tio* etc.

Este DICIONÁRIO DE VOZES DE ANIMAIS: INTERATIVO possui 740 vocábulos.

AS VOZES

Onomatopeias

A

aaaaa... *voz, grito.*

aboo *voz do cão.*

ah! ah! ah! ah! *gargalhada.*

ah-ah! *voz de conseguir algo que se desejava.*

alalá! *voz do cão.*

ão, ão *voz do cão.*

ajupe! *voz exclamativa usada pelos arrieiros e tropeiros do Sul do Brasil para incitar as bestas (animal) a andarem.*

arf! *voz do cão.*

arre! *voz exclamativa usada para incitar as bestas (animal) a andarem.*

au-au *voz do* cão.

auf *voz do* cão.

1. Faça um balão em volta do som que o Mário está a produzir!

ah! ah! ah!   *buuu!*   *boche!*

B

bau-bau *voz do cão.*

bbbbb *voz do boi.*

bbbbbeeeee o mesmo que *bbbbb.*

bbbbbuuuuu o mesmo que *bbbbb.*

bé *voz do carneiro, ovelha, cabra e cordeiros*; mesmo que *brrrrr!*

beco, beco (é) *voz do cão.*

bé-é-bé o mesmo que *bé.*

bééééé o mesmo que *bé* e *mééééé.*

béu, béu *voz do cão.*

boche! *voz exclamativa usada para chamar os cachorros.*

bois! bois! *voz do mocho (coruja).*

brrrrr! o mesmo que *bé.*

bu! 1 *som vocal usado para assustar alguém (insinuando o som produzido por um fantasma)*; **2** *voz da coruja*; **3** *vaia, censura, troça, zombaria.*

busca! o mesmo que *pega!*

buuuu! o mesmo que *bu!* (1)

2. Preencha os balões com o som que cada cachorro está a produzir! Para a expressão: triste (*aboo*), feliz (*au-au*) e decepcionado (*arf!*).

au-au   *arf!*   *aboo*

3. Vamos ligar os animais aos sons que eles fazem!

muuu!

buuuu!

béééé

C

cá, cá, cá, cá 1 *riso do homem;* **2** *voz da galinha.*

cã-cã *voz da ave* de mesmo nome.

cacaracá *voz do galo quando canta.* Locução: **de cacaracá** *algo insignificante.*

caí, caí *latido de dor do cão.*

caim! (a-im) *latido de dor do cão.*

calcaré *voz da codorniz* (*codorna*).

calcoré *voz da codorniz* (*codorna*).

calcurré *voz da codorniz* (*codorna*).

cá-que-rá-cá *voz do galo.*

caré... caré... *voz da galinha.*

carrapichó!... pichó!... pichó!... *voz do melro.*

chá-chá! *voz exclamativa usada para tirar o gado do lugar.*

chaque-rat-chaque *voz da pega* (ê) (*ave*).

chás, chás *voz do chasco* (*ou cartaxo*) (*ave*).

chem-chem *voz do urubu.*

chibo! *voz exclamativa usada para chamar os cabritos.*

chim-chim *voz do pássaro chinchão.*

chi-trri... trri... trri... *voz do pardal.*

chiu, biu, berriu... *voz do pássaro chincharabelho* ou *chincharravelho.*

chiu, chiu *canto do sabiá.*

chrum, chrum! *barulho da tosse.*

cloc-cloc *cacarejo da galinha.*

có, có, có, có *voz da galinha quando canta.*

có, có, có, có, corocó... *voz da galinha quando acaba de pôr ovo.*

có..., có..., có... 1 *voz da galinha quando está choca;* **2** *voz do faisão.*

co-á, co-á *voz da rã.*

coach! coach! *voz do sapo;* coax! coax!

coche! *voz exclamativa usada para chamar ou enxotar os porcos.*

cocoricó *voz do galo.*

cocorocó ou **cocoricô** *voz do galo*

cocuru *voz do galo*

4. Quais sons eu faço? Galo, galinha, sapo e pardal! Ligue o animal até a voz dele!

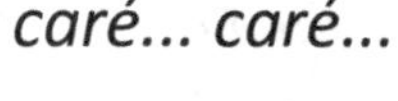

caré... caré...

chi-trri... trri... trri...

chiu, chiu

coach! coach!

coquericó

có, có, có, có, corocó

cocorocó

cof-cof *barulho da tosse.*

coquericó *voz do galo quando canta.*

coró *ruído produzido pelo peixe roncador.*

coró-coró *voz do pássaro* de mesmo nome.

crá-crá-cá,   cró-cró-có *voz da galinha* (*reclamando*).

crás *voz do corvo;*

crás-crás **1** *voz do corvo;* **2** *voz do gavião;* **3** *voz da coruja.*

crau! *voz do corvo.*

créu! *voz do sariguê* (*espécie de gambá*).

cri-cri *voz do grilo;* cricrido.

cri-crió *voz da ave* de mesmo nome.

criii! criii! **1** *voz do morcego;* **2** *voz do pavão.*

cró **1** *voz da galinha;* **2** *voz do socó* (*pássaro*).

croac! croac! o mesmo que *coach! coach!*

croc croc *voz do sapo.*

croc! *voz do gavião.*

crocoió *voz do pássaro* de mesmo nome.

crr-crr *voz da cigarra.*

crrr *voz do papagaio.*

cuá! cuá! **1** *voz do corvo;* **2** *voz do mauari* ou *maguari* (*ave*).

cuco-cuco *voz do cuco*; cuco, cu-cu.

cucurru! *voz da ave rola.*

cucurucu *voz do galo quando canta.*

cué, cué *voz do porco.*

cuí, cuí, cuí 1 *voz do pardal*; **2** *voz da anta.*

cuim *grunhir do porco quando está sofrendo.*

cunexé! cunexé! *voz da perdiz.*

currupaco *voz do papagaio*; mesmo que *currupaco-papaco.*

5. a) Que som eu faço? Pinte o porquinho!

b) Complete a minha face e depois me pinte!

D / E

diz-que-diz-que *voz da gralha.*

dring! *voz da araponga.*

ecô! *voz exclamativa usada pelos caçadores para açular os cães e pelos vaqueiros para tanger o gado.*

eh! eh! eh! eh! *gargalhada.*

êra! êra! *voz exclamativa usada para incitar o gado a andar.*

estou-fraco/a *voz da galinha-d'angola.*

estou-fresca *voz da galinha-d'angola.*

F

fi, fi, fi, fi *assovio.*

fiau! *vaia, censura, troça, zombaria;* fiau-fiau!

fifrilim onomatopeia do *barulho do sopro, algo que se esvai.*

fiu-fiu! *voz exclamativa usada para chamar o corrupião.*

fuém! fuém! *voz do ganso.*

fum fum fum *voz do porco.*

G

glu-glu *voz do peru* (na linguagem infantil). Os sons produzidos pelo peru classificam-se em dois grupos: **a)** da voz: *glu-glu-glu, gru-gru-gru,* donde se tiraram *grulhar* e *grugulejar*; **b)** quando incha ele faz *txum.*

gó, gó, gó, gó 1 *voz da galinha quando canta*; **2** *voz do galo.*

grauur 1 *grito do lobo*; **2** *grito dos felinos, como onça, leão* etc.

grei-grei (é) *voz do mocho.*

gri-gri 1 *voz do melharuco* (*ave*); **2** *voz do grilo.*

grow! *rugido de feras.*

grrr! 1 *ruído de animal*; **2** *ruído de pessoa com raiva.*

grrr-ou! o mesmo que *rawww!*

gru-gru-gru *voz do peru.*

gué-gué-gué *voz do calão* (*cálao* em espanhol).

guí... guí... (ü) *voz do porco*

H

há! há! há! há! *gargalhada.*

ham, ham *voz do cão.*

hanh!... *ruído do bocejo.*

he! he! he! he! *gargalhada.*

hi han! hi han! *voz do burro.*

hi! hi! hi! hi! 1 *risada*; **2** *guincho do macaco.*

hic! *ruído de soluço.*

hmmmn! 1 *tentar falar com a boca tapada*; **2** *murmúrio* (*de pessoa*).

ho! ho! ho! ho! *riso, risada* (principalmente do Papai-Noel).

hô-hô 1 *voz do leão*; **2** *aboio.*

hu! 1 *vaia, censura, troça, zombaria*; **2** *grito.*

hu! hu! 1 *voz do lobo*; **2** *gagueira.* **3** *voz do mocho.*

huá huá *gargalhada.*

6. Descubra qual som deve entrar nos balões!

grow!   *grauur!*   *grrr!*   *hanh!...*   *hi! hi! hi! hi!*   *fuém! fuém!*

I

inhé *voz de rã e sapo.*

isca! o mesmo que *pega!*

inhóóó inhóóó 1 *voz do burro*; **2** *voz do búfalo*; **3** *voz da zebra.*

7. Vamos descobrir os sons que cada um está fazendo?

Coloque os sons *miéu, nhau, minhau, nana* ou *mmmmm* dentro dos balões corretos!

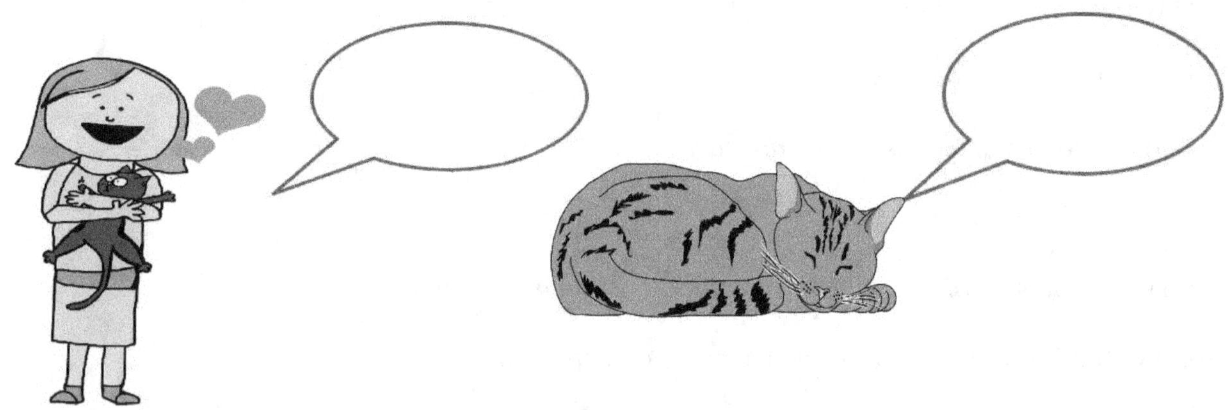

L / M

luíc-ic *voz da coruja.*

mau, mau *voz do gato.*

mé *voz da ovelha, do carneiro e do cordeiro* (na linguagem infantil).

mééééé o mesmo que *mé* e *bééééé.*

miau *voz do gato.*

miéu *voz do gato.*

minhau *voz do gato.*

mmfmm *tentar falar com a boca tapada.*

mmm... **1** *início de riso (prendendo até não aguentar e soltar);* **2** *tentar falar com a boca tapada;* **3** *voz embargada (por causa da paixão).*

mmmmm *voz do boi.*

mmmmmêêêê *voz do boi.*

mu *mugido do boi e da vaca* (na linguagem infantil).

mu-mu o mesmo que *mu.*

muuu! *voz do boi.*

N / O

nana *voz de acalentar.*

nhau 1 *voz do gato;* **2** *voz do pavão real.*

nhéu *voz do gato.*

nina o mesmo que *nana.*

num-vi-i *voz da cotovia;* mesmo que *nina.*

óinc! óinc! *voz do porco.*

ôôôôô *voz exclamativa usada para acalmar o cavalo.*

oua, oua! *voz exclamativa usada para enxotar gado.*

8. a) Meu som é...

b) Desenhe uma vaca ou bezerro ou boi! Não pode ser igual ao desenho usado como amostra.

P

paco-paco *voz do papagaio.*

pega! *voz exclamativa usada para açodar o cão para que persiga a caça;* mesmo que *busca!;* e *isca!*

pfffff *voz do* gato (*de susto*).

piafés-fazer *voz do cavalo.*

pim! pim! *voz do* pimpalhão (*espécie de pássaro*).

pio-pio *voz do pinto.*

pi-pi ou **pi! pi! pi! pi!** *voz exclamativa usada para chamar a galinha e o pinto.*

pis pis *voz do pisco* (ave).

pisca! *voz exclamativa usada para açular os cães.*

piu *voz do pinto.*

piu-piu o mesmo que *piu.*

pó, pó, pó *pio da galinha.*

pou-pou-pou *voz da poupa.*

pri-pi-pi *voz da andorinha.*

pshuit-pshuit! *voz exclamativa usada para chamar o gato.*

psit, psit *voz do pássaro saíra-sete-cores.*

Q

quá! *voz do grito do pato (como alegria).*

quá, quá 1 *voz do corvo;* **2** *voz do pato;* **3** *voz do ganso.*

quac! *voz do pato.*

quach! quach! *voz da rã* em Portugal.

quack! *voz do pato.*

qual!, qual! *voz do corvo.*

qualquerré *voz da codorniz (codorna).*

quá-quá-quá *gargalhada.*

quá-quá-rá-quá-quá *gargalhada.*

quás-quás-quás *risada debochada.*

quê, quê, quê, quê *voz da galinha quando chama os pintinhos para lhes mostrar algo de comer.*

queci-queci *canto da jandaia* (ave).

quefum, quefum *barulho de tosse.*

quém-quém *voz do pato* (na linguagem infantil).

qué-qué (ü) *voz do porco quando o matam.*

qué-qué-qué **1** *voz do ganso;* **2** *zanga da galinha;* **3** *canto da cigarra.*

quequerequequê *gaguejo.*

quero-quero *voz do pássaro* de mesmo nome (*uma pequena gaivota*). Locução: **ter esporão e quero-quero** *estar (pessoa) atenta.*

queru-queru *voz do cuiú-cuiú (espécie de periquito);*

quic **1** *voz do esquilo;* **2** *pio da galinha.*

quiiii! **1** *voz do falcão;* **2** *voz do rato.*

quiquiá, quiquiá *voz da galinha-d'angola.*

qui-qui-qui **1** *voz da andorinha;* **2** *voz do macaco.*

quiri-quiri *voz do pássaro* de mesmo nome; também chamado de *gavião-rapina.*

qui-ri-qui-ri *voz do pintainho.*

9. Desenhe quantos animais couber no espaço!

10. Leve a andorinha, o ganso e o pato até a voz dele! Pinte o caminho com cores diferentes!

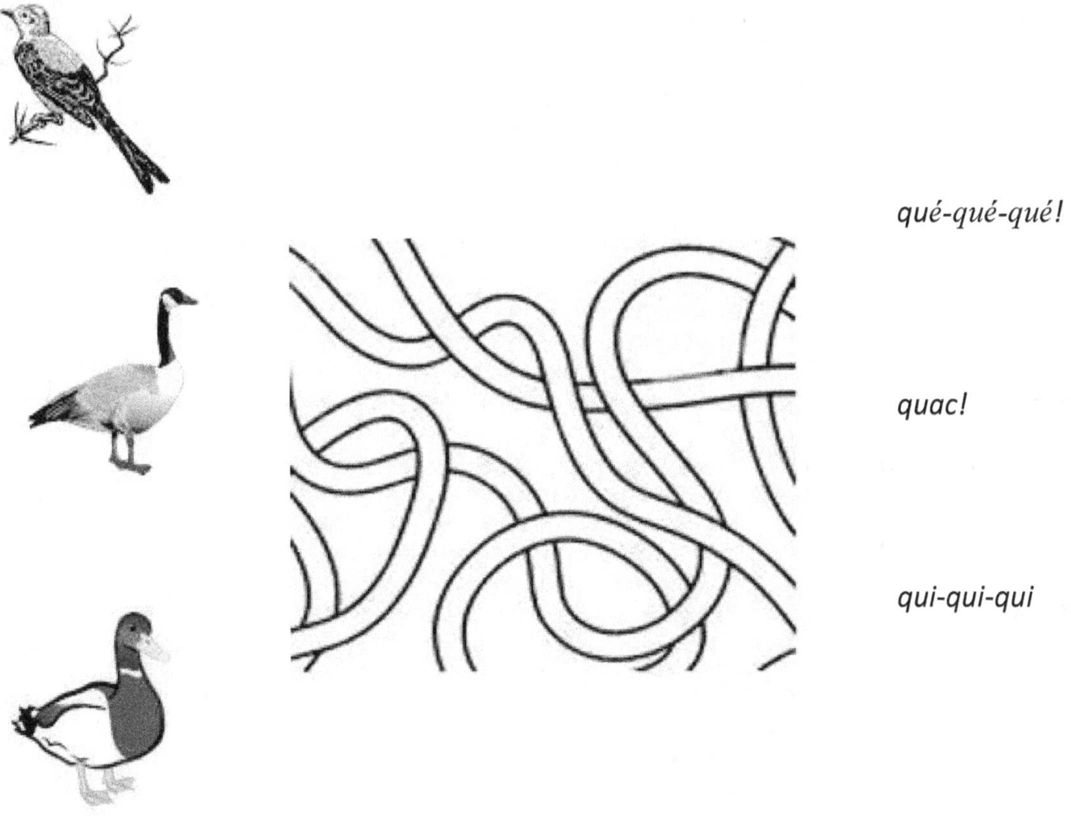

qué-qué-qué!

quac!

qui-qui-qui

R

rá, rá, rá, rá *voz da pega* [ê] (*ave*).

rãe-rãe *voz do pica-pau ao chocar.*

rap rap *voz do burro.*

rã-rã *voz da rã.*

rau, rau *voz da codorniz* (*codorna*).

rawww! *rugido de gorila.* Também *grrr-ou!*

rebéubéu *voz do cão.*

reco-reco 1 *voz da arara;* **2** *voz do grilo.*

renhau-nhau *voz do gato.*

requetecunnnn... *voz do pombo*

ré-ré-ré! berré! *voz do pato.*

réu-réu *voz da rã* (em Portugal).

ri, ri, ri *risada.*

riiinch! *voz do cavalo e outros equídeos.*

ri-lin-chin-chin *voz do cavalo e outros equídeos.*

rooaar 1 *voz da onça;* **2** *barulho de arroto.*

rô-rô *voz do pombo.*

rrou-rrou *voz da ave rola.*

rrrououou *voz do alcaravão.*

rrrrenhau *voz do gato.*

rrrrr 1 *voz de desconfiança do cão;* **2** *voz de ameaça do gato.*

rsrsrsrsrs *risinho de satisfação ou de incredulidade.*

ruge-ruge *sussurro brando.*

S / T

sal! sal! *voz exclamativa usada para chamar o boi.*

shhhhh *pedido de silêncio.*

tainhê *voz do papagaio.*

tam-tam *voz do avestruz.*

tci pci pci pce *voz da petinha-das-árvores.*

ticalaz, ticalaz *voz da codorniz (codorna).*

tic-tic *voz do grilo.*

trá-lá-lá *vozerio, conversa vazia.*

três-tostões *voz da codorniz (codorna).*

tri-a-ca-can *voz do pássaro picanço.*

triiiim *voz do canário.*

trinta-e-um *voz do pássaro juruviara.*

trinta-réis *voz da andorinha-do-mar.*

trin-trin-trin-ta-raízes *voz do pássaro trinta-raízes.*

triste-vida *voz do bem-te-vi.*

trri... ti... ti... *voz do pisco (ave).*

trriu, trriu, trriu... *voz do pardal e outros passarinhos.*

tuim *voz do* truqui *(pássaro).*

túi-túi ou **tuí-tuí** *voz de vários pássaros como o maçarico, o sabiá, a andorinha e outros.*

11. Que som eu faço? Ligue a voz ao animal!

trri... ti... ti...   rawww!   riiinch!   rrou-rrou   tic-tic   ri-lin-chin chin

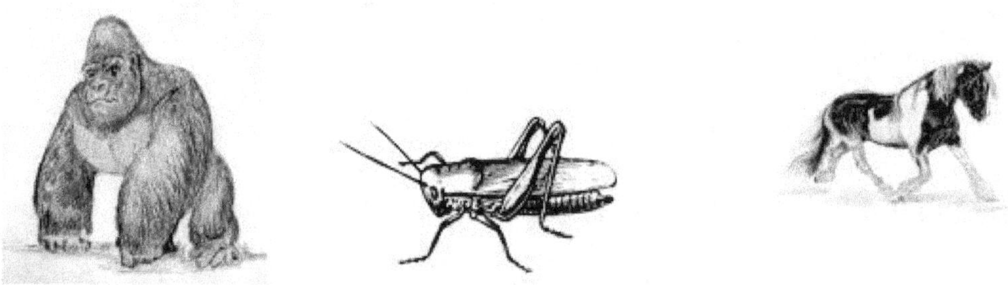

———

U

u *voz do jabuti.*

uaaaah! **1** *som de bocejo;* **2** *som de se espreguiçar.*

uai *voz do guaraxim.*

uão, uão *voz do cão.*

uau, uau *voz do cão.*

uauuu! *uivo do cachorro ou lobo.*

uh! **1** *vaia, censura, troça, zombaria;* **2** *grito.*

uh! uh! uh! uh! **1** *voz do falcão;* **2** *urro de paixão;* **3** *gemido;* **4** *grito.*

uhm! o mesmo que *uh!* (1).

uhum! *concordância, assentimento.*

uhuu **1** *voz da coruja;* **2** *voz de alegria, comemoração; euforia.*

upe, upe *voz da poupa.*

uuuuu! **1** *vaia, censura, troça, zombaria;* **2** *vozes abafadas;* **3** *voz de assombração;* **4** *voz da coruja;* **5** *uivo de animal*

V / X / Z

vihú-vuhú *voz da anhuma-poca.*

xarim, xarim *voz do pardal.*

xarriu-xiu-xiu *voz do pardal.*

xispa! *voz exclamativa usada para enxotar galinhas e outras aves.*

xô! o mesmo que *xispa!*

zic-zic *voz do gafanhoto.*

zizi... *ziziar da cigarra.*

12. a) Sou um falcão e um papagaio! Escreva nos balões o som que faço!
  b) Pinte o falcão!

13. Desenhe a cabeça dos animais e escreva a voz deles!

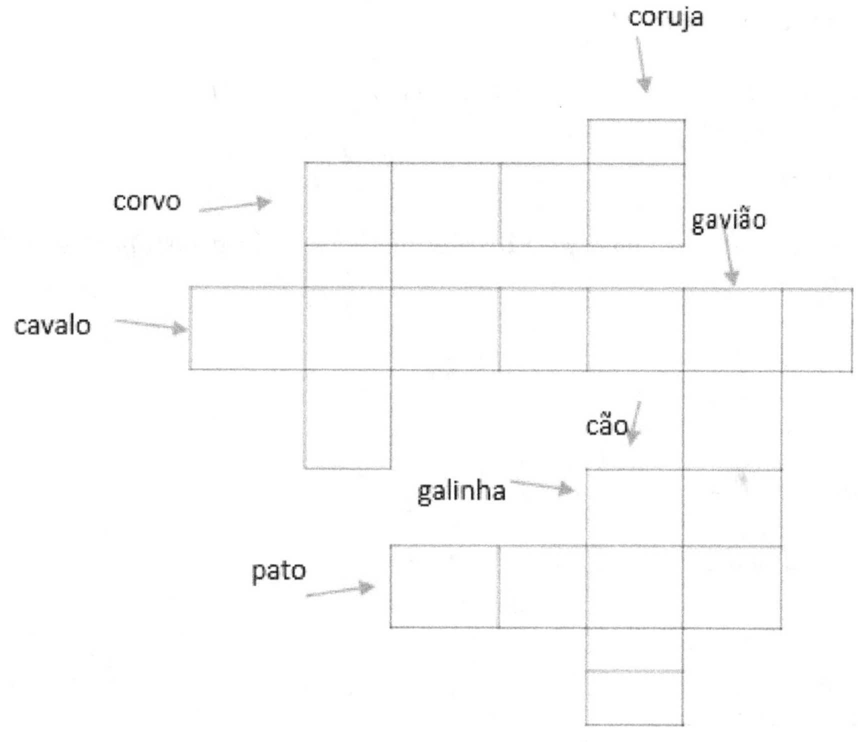

14. Vamos adivinhar?

a) Qual o pássaro que vigia a gente e ainda avisa com sua voz?_____________________

b) O que é o que é? Salta para cima e faz bé. ___________________

c) Qual animal grita com alegria quac! ___________________

d) Quem com sua voz uuuuu! à noite nos assusta? ___________________

e) Quando o dia amanhece ele canta coquericó!, ele é o ... ___________________

15. Encontre os donos das vozes!

óinc!
ôôôôô
inhé
muuu!
méééé
ia-ia

m	r	n	o	h	ã	r	c
e	p	c	g	o	j	c	a
d	o	a	n	a	c	ã	r
ã	r	u	e	c	a	n	n
n	c	s	t	r	m	i	e
l	o	i	a	ã	p	o	i
v	i	e	r	o	r	u	r
a	d	c	a	v	a	l	o
b	o	i	m	e	t	u	s

16. Desenhe um leão e uma tartaruga!

17. O trem dos bichos vai soltando fumaça... Que animais ele leva? Coloque a voz de cada um que está em cada vagão! No primeiro tem uma mula; no segundo, um elefante; e no terceiro, um boi.

18. a) A cigarra passou todo o verão cantando ....

b) Desenhe uma cigarra a cantar!

VERBOS (DE ORIGEM ONOMATOPAICA)

A

aflautar *soltar a voz* (*a siriema*).

alanzoar 1 *voz do cão*; **2** *tagarelar* (*falar, conversar muito*).

amiudar *voz do galo quando canta em intervalos curtos, já ao raiar do dia.*

arensar *soltar a voz* (*o cisne*).

arpejar *soltar a voz* (*o uru*).

arruar 1 *soltar mugidos* (*boi, touro*); **2** *soltar grunhidos* (*javali e porco*).

assobiar 1 *trinar* (*alguns pássaros*) *e silvar* (*alguns animais como a cobra*) *à maneira de assobio*; **2** *reproduzir uma melodia com assobio.*

assoprar *voz do gato* (*de susto*).

atroar *clamar, bradar em voz alta.*

aulir *emitir voz triste e prolongada* (*o lobo e o cão*).

B

bacorejar *soltar a voz* (*o leitão*); mesmo que *bacorinhar.*

balar *emitir voz* (*carneiro, ovelha e cordeiro*).

balir *emitir voz* (*carneiro, ovelha, bode e veado*).

balsar o mesmo que *latir, ladrar.*

berrar *emitir voz* (*carneiro, ovelha e cordeiro*); berregar.

bezoar 1 *emitir voz* (*carneiro, ovelha e cordeiro*); **2** p. ext., *grito de pessoa.*

bigornear *soltar a voz* (*a araponga*).

blaterar 1 *falar confusamente ou com má dicção; engrolar;* **2** *falar muito e com agressividade; vociferar;* **3** *emitir voz (o camelo).*

bocejar 1 *ruído produzido pelo homem; dar bocejos;* **2** *soltar a voz (o leão e outros felinos).*

bodejar 1 *soltar a voz (o bode), berrar;* **2** por analogia, no NE, *gaguejar (falar com dificuldade, como o gago).*

bofar *falar muito.*

bradado particípio de *bradar.* Refere-se: **1** *que se bradou, foi dito ou divulgado em alta voz;* **2** *clamor, grito.*

bradar *gritar do homem.*

bradejar 1 *soltar gritos;* **2** fig. *latir.*

bramir 1 *soltar a voz (a fera);* **2** *gritar desnorteadamente; vociferar;* **3** *exclamar, bradar.*

bufar *voz do gato (de susto).*

19. Complete as frases abaixo:

a) Você sabia que o sabiá sabia _________________?

b) Tente chegar até o final do livro sem ________________.

c) Não precisa _________________, eu estou escutando.

d) Se o gato _________________ não se aproxime.

C

cacarejar 1 *cantar da galinha, galo e seriema; tagarelar (falar, conversar muito);* mesmo que *caquerejar.*

cantar 1 *emitir som audível (alguns animais);* **2** *soltar a voz (o galo).* Locuções: **cantar de galo** *considerar-se vitorioso;* a *mandar; dar ordens;* **cantar do galo** *amanhecer;* **3** *voz da cigarra (fretenir);* **4** *entoar frases melódicas.* Locuções: **cantar o facão** *usar o facão em briga;* **cantar pneu** *acelerar o carro;* **cantar vitórias** *vangloriar-se.*

cantarolar 1 *soltar a voz (os pássaros e o galo); cantar, chilrear;* **2** analogia, *cantar baixo e para si; cantorinhar, trautear;* **3** *desafinar.*

caquerejar o mesmo que *cacarejar*.

carcarejar *soltar a voz (a galinha)*.

carpir *soltar a voz (o mocho)*.

carruscar *soltar a voz (a cigarra)*.

chiar *emitir voz (o macaco* [os que pulam de galho em galho]*)*.

chichiar 1 *soltar a voz (o gafanhoto)*; **2** *soltar a voz (a cigarra)*; **3** *chiar de modo repetido e/ou prolongado*.

chichirrear *soltar a voz (a andorinha)*.

chilidar *soltar a voz (a andorinha)*.

chilrar o mesmo que *chilrear* "pipilar". Refere-se ao *pipilar (piar), gorjear dos pássaros*.

chilreador formado de *chilreado*. Refere-se a: **1** *que chilrea (o pássaro)*; **2** *tagarela (pessoa)*.

chilrear 1 *chilrar da andorinha, pardal etc.*; **2** fig. *cantar ou emitir sons indistintos animadamente*; mesmo que *chilrar*.

chirirar 1 *soltar a voz (a cigarra)*; **2** *voz do gafanhoto*.

chirrear 1 *soltar a voz (a andorinha)*; **2** *soltar a voz (a cambaxirra)*.

chirriar *pios agudos e longos da coruja*.

choramingar 1 *soltar a voz (o tatu)*; **2** *chorar baixinho*; **3** *chorar sem convicção e repetidamente*; **4** *contar, dizer em voz de lamento*.

chorar 1 *barulho emitido pelo homem*; **2** *soltar a voz (o jacaré)*; **3** *soltar a voz (o rouxinol, a araponga e outros pássaros)*.

chucherrear *soltar a voz (o estorninho)*.

ciciar *dizer em voz baixa*.

cigarrear *soltar a voz (a cigarra)*.

clamor 1 *soltar a voz (a maracanã, o condor, a araraúna e outros pássaros)*; **2** *rogo ou queixa proferida em altas vozes*; **3** *soltar a voz (a rã e o sapo)*. Locução: **clamor público** *descontentamento ou indignação popular*.

claramelar *soltar a voz (o galo)*.

clarinar *soltar a voz (o galo)*.

coaxar *soltar a voz (a rã e o sapo)*.

cocorejar o mesmo que *cacarejar*.

cocoricar *soltar a voz (o galo)*; mesmo que *cocoriar, cocorocar*.

correchar *soltar a voz (o pardal)*.

corujar *soltar a voz (a coruja)*.

corvejar 1 *soltar a voz (o corvo)*; **2** *emitir (pessoa) som semelhante ao corvo*;

crascitar *soltar a voz (o corvo)*.

cricrilar *soltar a voz (o grilo)*.

crocitar 1 *soltar a voz (o corvo)*; **2** *soltar a voz (a coruja)*.

cucar *cantar do cuco*.

cucular *soltar a voz (o cuco)*.

cucuricar ou **cucuritar** *soltar a voz (o galo)*.

cuincar *soltar a voz (o cão)*.

cuinchar *gritar do porco*.

cuquear *soltar a voz (o cuco)*; mesmo que *cuquelar*.

curculher *voz da codorniz (codorna)*.

20. Complete a cruzadinha com os sons que cada animal faz! Desenhe um passarinho neste retângulo grande!

a. cigarra
b. andorinha
c. corvo
d. galo
e. coruja
f. cuco

D

descantar *soltar a voz (o rouxinol).*

desentaramelar *soltar (a língua), falar muito.*

desentramelar o mesmo que *desentaramelar.*

destaramelar o mesmo que *desentaramelar.*

destramelar o mesmo que *desentaramelar.*

E

engrolar *soltar a voz (a rã e o sapo* [em Portugal]).

esfuziar *soltar a voz (o pardal).*

esganiçar 1 *soltar a voz (o cão);* **2** *falar ou cantar alto, em tons agudos, estridentes.*

esgargalhar 1 *rir às gargalhadas;* **2** *emitir voz (o morcego).*

estralar *soltar a voz (o tucano).*

estridular 1 *emitir (cigarra, grilo ou o bem-te-vi) com seu som estridente e característico;* **2** fig. *falar ou cantar agudamente, com som estrídulo.*

estrilar 1 *soltar a voz (a cigarra);* **2** *soltar a voz (o grilo);* **3** informal, *vociferar (pessoa);* gritar.

estrondar *clamar, vociferar, deblaterar;* mesmo que *estrondear.*

estrugir 1 *soltar a voz (o ará);* **2** *soltar a voz (a rã e o sapo);* **3** *gritar (pessoa).*

esturrar *dar esturro.*

F

falar *expressar-se por meio de palavras.*

farfalhar 1 *falar muito;* **2** *emitir voz (o lagarto).*

flautear *soltar a voz (a rã e o sapo* [em Portugal]).

fremir *bramir, gemer de alguns animais ferozes (leão, tigre, leopardo e urso).*

fretenir *soltar a voz (a cigarra).*

fritinir *soltar a voz (a cigarra).*

G

gaguear *soltar a voz (a galinha).*

gaguejar *soltar a voz (o bode).*

gaitear *soltar a voz (o touro* [no Ceará]).

galrar 1 *expressar-se por meio de palavras;* **2** *soltar a voz (a coruja e outros pássaros).*

galrear 1 *balbuciar, os primeiros sons da fala da criança;* **2** *soltar a voz (a patativa);* mesmo que *galrejar.*

ganir *gemido do cão, expressando dor ou medo.*

ganizar *soltar a voz, ganir (o cão pequeno).*

gargalhar 1 *soltar a voz (a calhandra);* **2** *soltar a voz (a coruja);* **3** *rir franca e ruidosamente;* gargalhadear.

gargarejar *soltar a voz (a rã e o sapo).*

garrir 1 *tagarelar (falar, conversar muito);* **2** *voz do peru;* **3** *canto alegre de aves; chilrear.*

garritar *soltar a voz (a cigarra).*

garrular 1 *emitir (a ave) som;* **2** *tagarelar (falar, conversar muito); palrar, parolar.*

gasnir *soltar a voz (a rã e o sapo).*

gazear 1 *emitir canto (o homem);* **2** *soltar a voz (a garça).*

gemer 1 *soltar a voz (gaturamo, ema, rola, pomba etc.);* **2** *expressar(-se) com gemidos; lamentar(-se), lastimar(-se);* **3** *cantar em tom melancólico*

gloterar *soltar a voz (a cegonha);* mesmo que *glotorar.*

gorgolejar *soltar a voz (o peru);* mesmo que *gorgolar.*

gornir *soltar a voz (o porco).*

gracitar *soltar a voz (o pato).*

gralhar 1 *grasnar, palrar, garrular (a gralha e outros pássaros);* **2** *tagarelar (falar, conversar muito);* **3** *falar confusamente ou com má dicção; engrolar.*

gralhear *soltar a voz (o gaio [pássaro encontrado no Velho Mundo]).*

grasnar 1 *voz do pato e ganso;* **2** *soltar a voz (a garça);* **3** *emitir (pessoa) som alto e desagradável.*

grasnir 1 *grasnar (vozearia de algumas aves como corvos, águias, patos etc.);* **2** *voz da rã e pererreca.*

grassitar *soltar a voz (o pato).*

grazinar 1 *grasnar do pato e outras aves;* **2** *tagarelar (falar, conversar muito);* **3** *soltar a voz (a cigarra).*

grilar *soltar a voz (o grilo).*

grilhar *voz do grilo.*

grinfar *soltar a voz (a andorinha e a calhandra).*

gritador formado de *gritado.* **1** *que grita, berra;* **2** *que ou aquele que fala usando tom de voz muito alto.*

gritar 1 *emitir (os animais) sons intensos e inarticulados;* **2** *falar alto;* **3** *chamar, clamar por socorro;* **4** *queixar-se em voz alta; protestar, reclamar.*

gritaria formado de *gritar*. **1** *que há muitos gritos intensos de animais*; *grita, gritada, gritadeira*; **2** *ruído de voz confusa e simultânea*.

groir o mesmo que *gruir*.

grugrulejar **1** *soltar a voz* (*o peru*); **2** *voz confusa* (*de pessoa*).

grugrulhar *voz do peru*.

grugrurejar o mesmo que *grugrulejar*.

grugujar *soltar a voz* (*o grou* ([*falcão*]).

grugulejar o mesmo que *grugrulejar*.

grugulhar *soltar a voz* (*o peru*).

gruir **1** *soltar a voz* (*o grou* [*falcão*]); **2** *soltar a voz* (*o urubu*); mesmo que *groir*.

grulhar **1** *emitir* (*a ave*) *som característico; soltar a voz* (*os pássaros*); **2** *soltar a voz* (*a pessoa*).

grunhir **1** *soltar a voz* (*o porco ou javali*); **2** p. ext., *resmungar*.

guinchar **1** *soltar a voz* (*o porco*); **2** *emitir voz* (*o macaco* [os que pulam de galho em galho]).

guizalhar **1** *soltar a voz* (*a cigarra*); **2** *soltar a voz* (*o grilo*).

21. Quem sou eu?

a) Sou uma ave. Meu corpo tem penas. Com minhas asas longas voo até as alturas gruindo de alegria.

b) Sou uma ave. Meu corpo tem penas. Tenho um pescoço alongado e gosto de gazear.

c) Sou uma ave. Meu corpo tem penas. Minha cauda lembra uma tesoura e gosto de grinfar quando estou voando.

d) Sou uma ave. Meu corpo tem penas. Tenho um lindo topete e sou conhecida por gralhar muito alto.

22. Desenhe essas aves que foram citadas acima!

L / M

ladrar 1 *gritar (pessoa) sem motivo*; *esganiçar-se*; **2** *proferir violentamente*; *raguejar*; **3** *soltar a voz (o cão)*; **4** *soltar a voz (o mabeco* [cão selvagem africano]); **5** *dar latido.*

ladriscar *soltar a voz (o cão).*

lastimar *soltar a voz (o curiango, o juriti, o pombo e o urutau).*

latir *soltar a voz (o cão)*; mesmo que *balsar.*

malhar *soltar a voz (a rã e o sapo).*

martelar *soltar a voz (a araponga).*

maticar *dar sinal, latindo (o cão de caça) quando encontra a caça.*

miador *o que mia muito.*

miar *dar ou soltar miados (o gato).*

modular *soltar a voz (o pintassilgo, o sabiá e outros pássaros).*

mugir 1 *soltar a voz (os bovídeos em geral)*; **2** *barulho de gritos semelhantes a mugidos*; *berrar*; *bramir.*

P

palrador [ô] *tagarela* (*pessoa*).

palrar 1 *emitir voz* (*o papagaio*) *e algumas aves cujo canto se assemelha à voz humana*; **2** p. ext., *falar muito, tagarelar*.

palrear o mesmo que *palrar* (1) e (2).

papear 1 *soltar a voz* (*a andorinha*); **2** *bater papo, conversar*; **3** *tagarelar* (*falar, conversar muito*).

papiar *soltar a voz* (*alguns passarinhos*).

patear *soltar a voz* (*o burro*).

patejar *soltar a voz* (*o burro*).

piafar *voz do cavalo*.

piar 1 *dar pios* (*o pintinho, a coruja* etc.); **2** figurado, *conversar*. Locução: a **jiripoca vai piar** *a situação vai complicar*. [*jiripoca = ave*].

pissitar *soltar a voz* (*o estorninho*)

pupilar *soltar a voz* (*o pavão*).

23. Vamos adivinhar?

a) Fala pelos cotovelos, nunca para de palrear.
b) Sempre com fome nunca para de piar.
c) É só seu dono sair que não para de latir.
d) Dengoso que ele só! Nunca para de miar.
e) Quando separada de seu filhote nunca para de mugir.

Encontre no caça-palavras as respostas!

m	g	n	o	h	ã	p	c
e	a	a	g	o	j	i	a
d	t	a	n	a	c	n	r
ã	o	u	v	c	a	t	n
p	a	p	a	g	a	i	o
l	o	i	c	ã	p	n	i
v	i	e	a	o	r	h	r
a	d	c	ã	o	a	o	o
b	o	i	m	e	t	u	s

24. Desenhe um cão e um gato!

Q / R

queixar(-se) *expressar-se por meio de palavras.*

querrechichilrar *soltar a voz (a andorinha).*

ralar *soltar a voz (a rã e o sapo).*

ralhar 1 *soltar a voz (a cigarra);* **2** *soltar a voz (a jandaia);* **3** *repreender em tom de voz elevado.*

ranger *soltar a voz (a araponga).*

rangir o mesmo que *ranger.*

rebramar *soltar a voz (o veado).*

rebusnar 1 (pouco usado), *soltar a voz (o burro);* **2** *emitir voz escandalosa (pessoa).*

rechiar *soltar a voz (a cigarra).*

rechinar *soltar a voz* (*a cigarra*).

referver *soltar a voz* (*a cigarra*).

refetenir *soltar a voz* (*a cigarra*).

refunfar *soltar a voz* (*o leitão*).

regougar **1** *soltar a voz* (*a raposa*); **2** *soltar a voz* (*o caburé* [coruja]).

regrunhir **1** *soltar a voz* (*o porco*); **2** *soltar a voz* (*o cão*).

relar *soltar a voz* (*a rã e o sapo*).

relinchar **1** *som emitido pelos cavalos*; **2** p. ext., *dar risadas semelhantes ao relincho*; mesmo que *hinir*.

remedar **1** *imitar a voz de outrem*; **2** *procedimento que alguns animais têm, principalmente as aves, de imitar a voz humana.*

remugir *mugir várias vezes seguidas ou a mugir novamente.*

repenicar *soltar a voz* (*a ave* pita).

resmonear ou **resmunear** *resmungo do gato.*

resmungar **1** *pronunciar por entre os dentes e com mau humor; rezingar*; **2** *falar baixo e com mau humor.*

restolhar *soltar a voz* (*o gato*).

rir **1** *emitir risos* (*pessoa*); **2** *soltar a voz* (*a hiena*); **3** *soltar a voz* (*a coruja*). Locução: **rir amarelo** *rir de modo forçado*; **rir de rolar** é o mesmo que *rolar de rir.*

roar **1** *rugido do urso*; **2** *rugido do leão.*

rolejar *soltar a voz* (*o caburé* [coruja]).

roncar *soltar a voz* (*alguns animais como porco, gamo etc.*).

rosnar *soltar a voz* (*o cão*).

roufenhar **1** *voz roufenha* (*fanhosa*); **2** *voz do gato* (*de ameaça*).

rouquejar **1** *soltar a voz* (*a rã e o sapo* [em Portugal]); **2** *produzir sons roucos.*

rouxinolear *cantar semelhante ao rouxinol.*

rugir **1** *emitir* (*pessoa*) *som em tom irado, violento; bradar*; **2** *soltar a voz* (*o leão e outros felinos*).

rular *soltar a voz (o pombo)*.

rulhar o mesmo que *rular*.

rupar *soltar a voz (o cão)*.

25. Complete com os verbos correspondentes:

a) O gato com medo ...., ... e .... (rebusna, pateia e pateja)
b) O cão para proteger ...., ... e ....(assopra, bufa e sopra)
c) O burro teimoso ...., ... e ....(guincha, grunhe e regrunhi)
d) O porco sofrendo ...., ... e ....(ladra, rosna e late)

26. Desenhe uma das quatro cenas acima!

S

salmodear *soltar a voz (a cotovia)*.

serrazinar *soltar a voz (o grilo)*.

serrinar *soltar a voz (o grilo)*.

sibilar 1 *chiado emitido pela cobra;* **2** *produzir (pessoa) som agudo*.

silvar o mesmo que *sibilar (som agudo produzido por alguns animais como pássaros, cobras etc.)*.

soluçar 1 *exprimir(-se) por entre soluços;* **2** *soltar a voz (a coruja)*.

soprar *voz do gato (de susto)*.

suspirar 1 *soltar a voz (a irara [papa-mel], a ema etc.);* **2** *soltar a voz (a rola)*.

sussurrar *soltar a voz (o colibri)*.

T

tagarelar 1 *soltar a voz* (*a carriça, a cambaxirra, o estorninho e o papagaio*); **2** *falar muito.*

taralhar *soltar a voz* (*o araçari*).

taramelar 1 *soltar a voz* (*o papagaio*); **2** *tagarelar* (*falar, conversar muito*).

taramelear variante de *taramelar.*

tartarear 1 *soltar a voz* (*ave ou criança*); **2** *emitir voz* (*o papagaio*).

tingalhar *soltar a voz* (*a rã e o sapo*).

tintangalhar *soltar a voz* (*a rã e o sapo*).

tramelar o mesmo que *taramelar.*

traquinar *soltar a voz* (*a cigarra*).

trautear *soltar a voz* (*o rouxinol*).

trilar 1 *soltar a voz* (*a filomena, o rouxinol, a patativa*); **2** *fazer soar ou soar.*

trinar 1 *canto de alguns pássaros* (como o canário etc.); **2** p. ext., *proferir a alguém em voz suave, melodiosa, parecido ao trinado de certos pássaros.*

trinçar *soltar a voz* (*a andorinha*).

trinfar *soltar a voz* (*a andorinha*).

trinir o mesmo que *nitrir.*

trissar 1 *soltar a voz* (*a andorinha e a calhandra*); **2** *som produzido pelo beija-flor.*

troar o mesmo que *atroar.*

trombetear *soltar a voz* (*o galo*).

trucilar *soltar a voz* (*o tordo* [em Portugal] *e o sabiá* [no Brasil]).

turturejar *voz do pombo e da rola.*

27. Que vozes as crianças e os papagaios têm iguais?

tagarelar   trombetear   tramelar   tartarear   turturejar

28. Complete as frases:

a) O sapo .... ele faz ....
b) O cavalo .... ele faz ....
c) O gato .... ele faz ....
d) A vaca .... ela faz ....

Desenhe dois bichos que estão acima!

U / V / Z

uivar *1 dar uivos (os animais)*; **2** *emitir (pessoa) som estridente e tristonho.*

ululador *o que ulula.*

ulular *1 soltar a* voz *do lobo* ou *cão*; **2** *a produzir grito.*

urrar *1 voz de feras*; **2** p. ext., *emitir gritos à maneira de urros.*

vagir *soltar vagido* (o recém-nascido)

vociferar *emitir voz* (o papagaio)

vozeirar *1 falar, soltar a voz em tom alto*; *vozear*; 2 *soltar a voz* (o galo).

zangarrear *soltar a voz* (a cigarra).

ziziar *soltar a voz* (a cigarra).

zizi... *voz da cigarra*

SUBSTANTIVOS (DE ORIGEM ONOMATOPAICA)

A

arieta *voz do galo.*

arremedo 1 *voz do homem;* **2** *voz do hipopótamo.*

arrulho *voz do pombo.*

assobio 1 *som agudo emitido por diversos animais como pássaros, cobras, cigarra etc. ou por objetos; sibilo, silvo;* **2** *som agudo e prolongado produzido com os lábios (de pessoa).*

aulido *voz triste e prolongada do lobo e do cão.*

azarido *voz do grilo.*

B

balido *voz da ovelha.* [pouco usado]; mesmo que *balado.*

bem te vi *voz do pássaro (bem-te-vi).*

benterê *voz do pitauá (bem-te-vi).*

berro *voz do carneiro, ovelha, cabra e cordeiro.*

bodejo 1 *voz do bode;* **2** *ato de bodejar.*

brado 1 *voz do cuco;* **2** *grito.* Locuções: **brado de arma** fig. ao *prestígio, notoriedade;* **dar brado** *tornar-se famoso;* **dar/passar o brado em** a) *ralhar;* b) *cantar uma mulher (paquerar).*

bramido *voz característica de vários animais como o veado, tigre, boi* etc.

29. Complete com o nome da voz que cada animal faz! (arrulho, assobio, berro e aulido).

a) O .... do cordeiro assustou a coruja.

b) O .... do lobo se ouve longe.

c) Da janela escuto o .... do pombo.

d) O .... da cobra me assustou!

C

cacarejo 1 *canto da galinha;* **2** fig. *tagarelice.*

cantada *ação de cantar (homem e animal);* mesmo que *canto, cantoria.*

cantado 1 *que se cantou;* **2** *que é enunciado, festejado ou louvado por meio de canto (2);* **3** *que é executado (um trecho musical) com a voz.*

cantarola 1 *procedimento de cantarolar; cantarejo;* **2** *canto desafinado.*

cantarolante *que cantarola ou é dado a cantarolar.*

cântico *voz do rouxinol.*

cantinela *voz do pintarroxo.*

canto 1 *voz de pássaros, aves e insetos;* **2** *procedimento de cantar (pessoa);* **3** *melodia cadenciada e cantada.* Locuções: **canto de sereia** refere-se como metáfora ao *chamamento, sedução* geralmente para uma cilada; **canto do cisne** refere-se, segundo os antigos, *ao sinal de sua morte;* por ext., é a *obra notável produzida ao final da vida do autor;* **trazer de canto chorado** *não dar chance a ninguém.*

cacarear *soltar a voz (a galinha).*

cantochão *voz da rã.*

cantoria 1 *procedimento de cantar (os pássaros ou outros animais);* **2** *voz do perdigão;* **3** *procedimento de cantar (os homens);* **4** *som de grupo de vozes;* **5** NE *desafio de cantadores.*

capataz, capataz *voz da codorniz (codorna).*

carcalhota *voz da codorniz (codorna).*

cascalhada 1 *voz do bode;* **2** *gargalhada.*

casquinada 1 *voz da cotovia;* **2** *voz da hiena.*

cavatina *voz do melro.*

cega-rega *tagarela (pessoa).*

chiado/a *vozerio estridente e desagradável.*

chieira *voz da cigarra.*

chilido 1 *chilreio agudo, estridente do pardal;* **2** p. ext., *choro de criança.*

chilrada o mesmo que *chilro.*

chilreada o mesmo que *chilrada* e *chilreio.*

chilreante formado de *chilrear.*

chilreio derivado de *chilrear.* Refere-se ao *procedimento de chilrear;* mesmo que *chilro.*

chilreiro o mesmo que *chilreante;* mesmo que *chilreador* (1).

chilro derivado de *chilrar, voz clara e vibrante de alguns pássaros;* mesmo que *chilrada.*

chio *som produzido por alguns animais, como rato etc.* Locução: **chio de boca** *muxoxo.*

chirla *voz do pardal.*

chirriada 1 *voz da cigarra;* **2** *voz da coruja.*

chirriante *que emite chirrios.*

chirrio 1 *voz da coruja e outras aves;* **2** *voz aguda e contínua.*

choro derivado de *chorar.* **1** *procedimento de chorar (emitir pranto, lágrimas);* **2** p. ext., *voz, canto, grito ou uivo de alguns animais;* **3** *voz do jacaré.*

ciciante *o que cicia; cicioso, sussurrante, rumorejante.*

cicio 1 *som sibilante;* **2** *sussurro confuso de vozes.*

coaxação o mesmo que *coaxo;* mesmo que *coaxada.*

coaxante *o que coaxa.*

coaxido *voz da rã.*

coaxo *voz da rã ou do sapo.*

codorni *voz da codorniz (codorna).*

coincho *voz do porco.*

corcoroca *ronco do peixe.*

coro chasqueante *voz da rã.*

corocoroca variação de *corcoroca.*

corocotéu o mesmo que *corocoxó.*

corocoxó *voz do pássaro* de mesmo nome.

cracolé *voz da codorniz (codorna).*

cricrilo *canto do grilo.*

crocito 1 *voz ou grito poderoso e rouco;* **2** *grasnido, som emitido pelo corvo e outras aves semelhantes.*

curau 1 *grito do papagaio-verdadeiro;* **2** *grito do papagaio-do-mangue.*

curiango *canto do pássaro* de mesmo nome.

30. Desenhe um porco e diga a voz dele no balão!

D / E

descantes *voz da cigarra.*

endecha *voz do sabiá.*

estalido *voz do gafanhoto.*

estridência *qualidade, atributo do que é estridente.*

estridente 1 *algo que causa estridor;* ruidoso, estrepitoso; **2** *algo que tem som agudo e penetrante;* estriduloso.

estridor 1 *soltar a voz (a cigarra);* **2** *soltar a voz (o grilo).*

estrídulo *som agudo e penetrante.*

esturro *voz de certas feras (como onça, leão e tigre).*

F / G

fala *voz do homem.*

falaraz *falatório (ruído).*

fífia **1** *voz desafinada do homem;* **2** *som instrumental muito agudo.*

galanteio *voz do melro.*

galicanto *voz do galo.*

galicínio *canto de galo.*

ganido **1** *grito lamentoso do cão* ou *como que do cão.* **2** p. ext., *voz esganiçada.*

gargalhada **1** *risada franca, forte, ruidosa e prolongada;* **2** *voz da coruja e outras aves;* **3** *voz da maracanã.*

garrulante variação de *gralhante, grulhante.* Refere-se a *quem garrula; que é dado a garrular.*

garrulice *hábito de muito falar, de tagarelar; loquacidade.*

gárrulo **1** *pássaro que gorjeia ou canta muito; chilreador;* **2** p. ext., *quem fala demais; tagarela;* **3** *que há garrulice;* **4** *pessoa que canta muito.*

gasnada *voz do cão.*

gazeio *canto da garça.*

gemedeira *vozearia de gemidos; gemedoiro, gemedouro.*

gemido formado de *gemer.* Refere-se: **1** *canto de certas aves;* **2** *voz chorosa, de dor.*

gorgolejante *o que solta sua voz característica (o peru, o perdigão etc.).*

gorgolejo derivado de *gorgolejar.* É a *voz do peru e perdigão.*

gorjeio *voz harmoniosa.*

gralhada *voz do pardal.*

gralhido *voz do pardal.*

grasnada **1** *procedimento de grasnar, a vozearia de algumas aves como corvos, águias, patos etc.;* **2** p. ext., *ruído emitido por outros animais como sapos, rãs etc.* **3** fig., *falatório confuso das pessoas; vozearia; balbúrdia; bruzundanga.*

grasnadela *voz do pato.*

grasnido 1 *vozearia da ave abetarda*; 2 *vozearia das gaivotas*. [Comentário: encontramos esses registros, entretanto, é o mesmo que *grasnar.*]

grasno *voz do pato.*

grazina 1 *ruído emitido pela cigarra, coruja, papagaio etc.*; 2 *tagarela (pessoa).*

grazino *voz da cigarra.*

grilhada *voz do grito.*

grilharia 1 *gritaria*; 2 *ruído de isentos.*

grita formado de *gritar*. 1 *gritaria*; 2 *clamor de vozes*; *alarido.*

gritinho diminutivo de *grito*. 1 *voz do homem*; 2 *voz do hipopótamo.*

grito formado de *gritar*. 1 *voz intensa e inarticulada de alguns animais*; *berro*; 2 *voz humana emitida com intensidade e voluntariamente*; 3 *clamor humano*; 4 *queixa, protesto*. Locução: **de grito** *algo muito bom*; *excelente*; **no grito** *conseguir algo pela força*; **grito de guerra** *ir ao combate* (tanto real quanto figurativo).

grulhada 1 *voz do grou*; 2 fig. *barulho, gritaria.*

grunhido 1 *voz de certos animais como, por exemplo, a do porco ou do javali* etc.; 2 p. ext., *resmungo de pessoa.*

grunhidura *voz do cochino.*

guincho *som agudo produzido por alguns animais.*

31. Animais barulhentos. Quem sou eu? (o pato, o peru, a cigarra, o gafanhoto)

a) Sou muito barulhenta, meu chirriado se ouve longe. Sou a ....

b) O meu gorgolejo se ouve a mais de um quilômetro. Sou o ....

c) Posso aumentar meu estalido para ficar mais alto que o trânsito. Sou o ....

d) Meu grasno é muito desafinado, preciso de aula de canto. Sou o ....

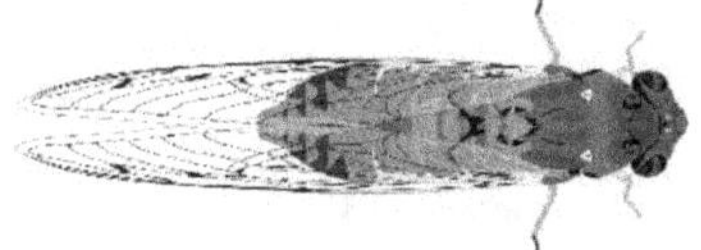

H / I / L

halali 1 *grito de caça sob o som de trompa que anuncia que o veado está acuado;* **2** *barulho intenso do latido da matilha que capturou a presa;* **3** *voz do galo.*

him *voz da mula, cavalo* etc.

hosanas *voz da cigarra.*

irerê *voz de uma espécie de marreca.*

ladrido *latido (do cão).*

ladro *latido (do cão).*

lástima estridente *voz da galinha-d'angola.*

M

matinada *voz do galo.*

melopeia melancólica *voz do sapo.*

miada feminino de *miado; voz do gato.*

miadeira *voz do gato.*

miadela *miado do gato produzido várias vezes.*

miado *voz do gato.*

miadura o mesmo que *miada.*

mio *voz do gato.*

moteto *voz da cigarra.*

mugido *voz dos bovídeos em geral.*

32. Encontre os donos das vozes!

a) matinada
b) him
c) miado
d) irerê

I	R	A	R	Ê	R	G	I
A	M	O	N	G	A	L	O
N	U	B	A	X	A	L	M
H	L	I	N	T	O	J	A
Ê	A	S	U	Ê	X	N	R
S	O	N	D	P	A	I	R
O	V	G	A	T	O	M	E
Q	U	I	F	R	I	L	C
A	Z	P	A	T	R	A	A

P

palra **1** *voz do papagaio;* **2** *voz da pega* [ê] (*ave*); **3** *conversa.*

palração *procedimento de palrar.*

palraria o mesmo que *palra.*

palratório o mesmo que *palra.*

pálrea o mesmo que *palra.*

palreiro *o que palra; palradeiro, palrador; tagarela* (*pessoa*).

paspalhão *voz da codorniz* (*codorna*).

paspalhaz *voz da codorniz* (*codorna*).

paspalhós *voz da codorniz* (*codorna*).

piada feminino de *piado*. Refere-se à *voz característica de certas aves e animais.*

piado *pio de alguns pássaros e aves.*

pio *voz característica de muitas aves, principalmente a do pinto* (como *piu*). Em sentido figurado a locução: **nem um pio** *nenhuma palavra; nada.*

pipilante 1 *piar, chilrear;* **2** *que pipila.*

pipilar 1 *emitir o pio ou pipilo* (*a ave*); **2** metáfora, *emitir som semelhante às aves.*

pipilo o mesmo que *pipio.*

pipio 1 *procedimento de pipiar, pipilar;* **2** *som semelhante ao pio dos pássaros.*

pipitante o mesmo que *pipilante.*

poupa o milho *voz da poupa.*

poupa o pão *voz da poupa.*

Q / R

queixa 1 *voz da ave rola;* **2** *voz do homem.*

queixume 1 *voz do pombo ou outro animal;* **2** *gemido, lamentação do homem.*

quiquiriqui 1 *voz do frango quando canta;* **2** *conversa fiada.*

rangido *voz da cigarra.*

rebusno *voz do burro.*

reco *voz do porco.*

regougo 1 *voz da raposa;* **2** *voz da ariranha;* **3** *voz do cachorro-do-mato;* **4** *barulho do ronco.*

relincho *voz do cavalo e outros equídeos.*

remiau *voz do gato.*

reminhau *voz do gato.*

renhau *voz do gato.*

repique *voz da codorniz.*

resmungado o mesmo que *resmungo.*

resmungo *procedimento de resmungar.*

rincho o mesmo que *relincho.*

risada **1** *procedimento de rir do homem;* **2** *voz da hiena;* **3** *voz da gaivota.*

riso *voz da coruja.*

ronco *voz surda e ameaçadora de certos animais; grunhido.*

roufenho ou **rouquenho** *quem tem o som anasalado;* mesmo que *fanhoso.*

33. a) Escreva ao lado do papagaio todas as suas vozes começadas com a letra P!

b) Desenhe uma ave, mas não pode ser igual (pode ser com as asas fechadas e pousado em um galho de árvore)!

S

saci *voz do* saci (*pássaro*).

sarabanda *voz da gralha.*

sarrido *voz do urso.*

serenata *voz da gralha.*

serranilha *voz da cigarra.*

sibilação o mesmo que *sibilo.*

sibilo 1 *som agudo produzido por alguns animais (como pássaros, cobras etc.);* **2** *som prolongado produzido pelo ser humano.*

silvo *voz da cobra.*

sirzinada *voz do pardal.*

soído *voz da cigarra.*

solfa *voz do porco.*

sonatina *voz da ave rola.*

surriada *voz do pardal.*

sussurro 1 *cochicho;* **2** *voz de alguns pássaros, como a rola, o colibri* etc.

T

tagarela 1 *pessoa que fala muito; falador;* **2** *ave que pia ou canta sem parar.*

tagarelice 1 *hábito de muito falar, de tagarelar; loquacidade;* **2** *ruído de conversa;* **3** *dito inconveniente, indiscreto; intrometimento.*

taramela 1 *vozerio de várias pessoas;* **2** *tagarela (pessoa).*

taramelagem *procedimento de taramelar; tagarelice.*

titilo *voz do pintassilgo.*

tonilho metálico *voz da cigarra.*

tramela o mesmo que *taramela.*

trilo o mesmo que *trinado, gorjeio.*

trinado 1 *gorjeio dos pássaros;* **2** *ruído de insetos;* **3** *voz ou som melodioso.*

trino 1 *trinar* de alguns pássaros; **2** *sibilo; voz melodiosa.*

trisso *trissar da andorinha.*

trombão *voz grossa*

U

uivo 1 *voz de tristeza ou desespero dos canídeos*; **2** *grito forte e constante de dor ou aflição*; **3** fig. *procedimento de vociferar ou clamar.*

ulo *som de gemido, lamento.*

ululação o mesmo que *ululo.*

ululante o mesmo que *ululador.*

ululo *voz de tristeza ou desespero do cão, lobo e alguns animais.*

urro 1 *som emitido pelas feras (onça, leão, tigre)*; **2** *grito de alegria*; **3** p. ext., ao *berro* ou *grito rouco, muito forte (de pessoa) de dor.*

V / Z

vagido 1 *voz do cabrito*; **2** *choro de criança recém-nascida.*

volata 1 *voz da filomena (ave)*; **2** *voz da gralha*; **3** *voz da caraúna.*

ziziamento *ação de ziziar.*

zizio *voz do gafanhoto.*

34. Preencha os espaços (até a letra "d") com as seguintes vozes: *choro, cricrilo, silvo* e *coaxido.*

a) Gabriel andando pelo caminho se assustou com o _______________ de uma cobra.

b) Aline ao jogar uma pedra no lago se assustou com o _____________ de um sapo.

c) Caio foi subir na árvore e quase caiu com o _________________ de um grilo.

d) Beatriz correu do rio quando ouviu o ___________________________ do jacaré.

e) Desenhe uma das cenas acima

ÍNDICE REMISSIVO (1)

Animais Domésticos e de Fazenda

mamíferos
voz característica de vários animais como o veado, tigre, boi etc. .... **bramido**

cão   (canídeo)
dar latido .... **ladrar**
dar sinal, latindo (o cão de caça) quando encontra a caça .... **maticar**
emitir voz triste e prolongada (o cão) .... **aulir**
gemido do cão, expressando dor ou medo .... **ganir**
grito lamentoso do cão ou como que do cão .... **ganido**
latido de dor do cão .... **caim ; caí, caí**
latido (do cão) .... **ladrido ; ladro**
soltar a voz, ganir (o cão pequeno) .... **ganizar**
soltar a voz (o cão) .... **balsar ; cuincar ; esga-**
      niçar ; ganir ; ladriscar ; ladrar ; latir ; regrunhir ; rosnar ; roncar ; rupar ; uivar
voz do cão (de desconfiança) .... **rrrrr**
soltar a voz (o cão) .... **balsar ; cuincar ; esga-**
      niçar ; ganir ; ladriscar ; ladrar ; latir ; regrunhir ; rosnar ; roncar ; rupar ; uivar
voz do cão e de alguns canídeos .... **aboo; alalá!**

gato   (felídeo)
dar ou soltar miados (o gato) .... **miar**
miado do gato produzido várias vezes .... **miadela**
soltar a voz (o gato) .... **restolhar**
voz do gato .... **mau, mau ; miada ; miado ; miadeira ; miadura ; miau ; miéu**
      ; minhau ; mio ; nhau ; nhéu ; remiau ; reminhau ; renhau ; renhau-nhau ; rrrenhau
voz do gato (de ameaça) .... **roufenhar ; rrrrr**
voz do gato (de susto) .... **pfffff; bufar; soprar; assoprar**
resmungo do gato .... **resmonear ou resmunear**

bovídeos   (ruminantes)
berrar da cabra .... **bezoar**
emitir voz (carneiro, ovelha e cordeiro) .... **balar ; bezoar**
emitir voz (carneiro, ovelha, bode e veado) .... **balir**
mugido do boi e vaca (na linguagem infantil) .... **mu**
mugir várias vezes seguidas ou a mugir novamente .... **remugir**
procedimento de bodejar .... **bodejo**
soltar a voz (o bode) .... **berrar ; bodejar ; gaguejar**
soltar a voz (o carneiro, ovelha, cabra e cordeiro) .... **berregar**

soltar a voz (o touro) (no Ceará) .... **gaitear**
soltar a voz (os bovídeos em geral) .... **mugir**
soltar mugidos (boi, touro); *mugir* .... **arruar**
som emitido pelos bovídeos em geral .... **mugido**
voz da ovelha .... **balado**
voz da ovelha, do carneiro e do cordeiro (na linguagem infantil) ..... **mé** ou **mééééé** ou **bééééé**
voz do bode .... **bodejo; cascalhada**
voz do boi ... **bbbbb ; bbbbbêêêêê ; bbbbbuuuuu ; mmmmm ; mmmmmêêêêê ; mu ; muuu!**
voz do búfalo .... **inhóóó inhóóó**
voz do cabrito .... **vagido**
voz do carneiro, ovelha, cabra e cordeiro ... **bé ; bé-é-bé ; bééééé ; berro ; brrrrr! ; mé ; mééééé**
voz dos bovídeos em geral .... **mugido ; mu ; mu-um ; muuu!**

equídeos
emitir voz (os equídeos) .... **rinchalar ; rincho ; piafar ; piafés-fazer ; rifar**
soltar a voz (o burro) .... **patear ; patejar ; rebusnar**
som emitido pelos cavalos .... **relinchar**
voz da mula e cavalo .... **him**
voz do burro .... **hi han! hi han!** ou **inhóóó inhóóó; rap rap; rebusno**
voz do cavalo e outros equídeos ... **him ; iiiiiii ; relincho ; riiinch! ; rincho ; ri-lin-chin-chin**

suídeos
gritar do porco .... **cuinchar**
grunhir do porco quando está sofrendo .... **cuim**
soltar a voz (alguns animais como porco, gamo etc.) .... **roncar**
soltar a voz (o leitão) .... **bacorejar ; bacorinhar ; refunfar**
soltar a voz (o porco) .... **gornir ; grunhir ; guinchar ; regrunhir**
voz do porco .... **coincho; cué, cué; fum fum fum; guí...guí...[ü]; óinc! óinc!; grunhido; reco; solfa**
voz do porco (quando o matam) .... **qué-qué** [ü]

35. Desenhe três animais mamíferos que começam com a letra C e escreva suas vozes.

aves
procedimento de grasnar, a vozearia de algumas aves como corvos, águias, patos etc. ... **grasnada**

fasianídeos
cacarejo da galinha .... **cloc-cloc**
cantar da galinha e galo .... **cacarejar ; caquerejar ; cocorejar**
canto da galinha .... **cacarejo ; qué-qué-qué**
canto de galo .... **galicínio**
dar pios (o pintinho etc.) .... **piar**
o que solta sua voz característica (o peru, o perdigão etc.) .... **gorgolejante**
pio da galinha .... **quic ; pó, pó, pó**
soltar a voz (a galinha) .... **cacarear ; carcarejar ; gaguear**
soltar a voz (o galo) .... **cantar ; cantarolar ; claramelar ; clarinar ; cucuricar** ou **cucuritar; cur-car; trombetear ; vozeirar**
soltar a voz (o pavão) .... **pupilar**
soltar a voz (o peru) .... **garrir ; gorgolejar ; grugrulejar** ou **grugrurejar ; grugulhar**
voz da galinha .... **caré... caré... ; cró**
voz da galinha (reclamando) .... **crá-crá-cá, cró-cró-có**
voz da galinha quando acaba de pôr ovo .... **có, có, có, có, corocó...**
voz da galinha quando canta .... **có, có, có, có ; gó, gó, gó, gó**
voz da galinha quando chama os pintinhos para lhes mostrar algo de comer ... **quê, quê, quê, quê**
voz da galinha quando está choca .... **có..., có..., có...**
voz da galinha-d'angola ... **estou-fraca ; estou-fresca ; quiquiá, quiquiá ; lástima estridente**
voz do faisão .... **ca-hach ; có..., có..., có...**
voz do frango quando canta .... **quiquiriqui**
soltar a voz (os pássaros e o galo); *cantar, chilrear* .... **cantarolar**
voz do galo ...... **cá-que-rá-cá ; cocuru ; arieta ; galicanto ; gó, gó, gó, gó ; halali ; matinada**
voz do galo quando canta em intervalos curtos, já ao raiar do dia .... **amiudar**
voz do pavão .... **criii! criii!**
voz do pavão real .... **nhau**
voz do peru .... **gargarejo ; glu-glu ; gru-gru-gru**
voz do peru e perdigão .... **cantoria ; gorgolejo**
voz do pinto .... **piu ; piu-piu ; pio-pio**
zanga da galinha .... **qué-qué-qué**

aquáticos   **(anatídeos)**
grito do pato (como alegria) .... **quá!**
soltar a voz (o pato) .... **gracitar ; grasnar ; grasnir**
soltar a voz (o cisne) .... **arensar**
voz do ganso .... **fuém! fuém! ; quá, quá ; qué-qué-qué**
voz do pato .... **grasnada ; grasnadela ; grasnido ; grasno ; quá, quá ; quac!** ou **quack! ; quém-quém ; ré-ré-ré! berré!**

36. Desenhe um pavão, um galo, uma galinha e um pintinho!

Animais selvagens

Mamíferos diversos

bramir, gemer de alguns animais ferozes (leão, tigre, leopardo e urso) .... **fremir**

dar uivos (os animais) .... **uivar**

rugido de feras .... **grow!**

soltar a voz (a fera) .... **bramir**

uivo de animal .... **uuuuu!**

voz, canto, grito ou uivo de alguns animais .... **choro**

voz surda e ameaçadora de certos animais; grunhido .... **ronco**

camelídeos

emitir voz (o camelo) .... **blaterar**

canídeos

emitir voz triste e prolongada (o lobo) .... **aulir**

grito do lobo .... **grauur**

soltar a voz (o mabeco [cão selvagem africano]) .... **ladrar**

uivo do cachorro ou lobo .... **auuuuu** ou **uauuu!**

voz triste e prolongada do lobo e do cão .... **aulido**

voz de tristeza ou desespero do cão, lobo e alguns animais .... **ululo**

voz da raposa .... **regougo**

voz do guaraxim .... **uai**

voz do lobo .... **ululur ; hu! hu!**

cervídeos (ruminantes)

soltar a voz (o veado) .... **bramar; rebramar**

ciurídeos (roedores)

voz do esquilo .... **quic**

dasipodídeos (desdentados)

soltar a voz (o tatu) .... **choramingar**

didelfídeos (marsupiais)
voz do sariguê (espécie de gambá) .... **créu!**

elefantídeos

voz do elefante .... **barrir; barrito; fuéééé**

equídeos
voz da zebra .... **inhóóó inhóóó**

felídeos
grito dos felinos, como onça, leão etc. .... **grauur**
rugido do leão .... **roar**
soltar a voz (o leão e outros felinos) .... **bocejar ; rugir**
som emitido pelas feras (onça, leão, tigre) .... **urro ; esturro**
voz da onça .... **rooaar**
voz do leão e outros felinos .... **hô-hô**

hiênidas
soltar a voz (a hiena) .... **rir**
voz da hiena .... **casquinada ; risada**

hippopotamidae
voz do hipopótamo .... **gritinho; arremedo**

murídeos (roedores)
som produzido por alguns animais como rato etc. .... **chio**
voz do rato .... **chio ; quiii!**

mustelídeos
voz da ariranha .... **regougo**

primatas
emitir voz (o macaco [os que pulam de galho em galho]) .... **chiar; guinchar**
guincho do macaco .... **hi! hi! hi! hi!**
rugido de gorila .... **rawww! ou grrr-ou!**
voz do macaco .... **qui-qui-qui**

quirópteros
voz do morcego .... **criii! criii!**

suídeos
soltar grunhidos (o javali); *grunhir* .... **arruar**

tapirídeos
voz da anta .... **cuí, cuí, cuí**

ursídeos

rugido do urso .... **roar**
voz do urso .... **sarrido**

aves

ave que pia e canta sem parar .... **tagarela**
cantar da seriena .... **cacarejar ; caquerejar ; cocorejar**
canto da garça .... **gazeio**
cantar semelhante ao rouxinol .... **rouxinolear**
canto alegre de aves ; chilrear .... **garrir**
canto da jandaia (ave) .... **queci-queci**
canto de certas aves .... **gemido ; soluço**
canto do pássaro de mesmo nome .... **curiango**
canto da sabiá .... **chiu, chiu**
chilreio agudo, estridente do pardal .... **chilido**
dar pios (a coruja etc.) .... **piar**
emitir (a ave) *som característico; soltar a voz* (os pássaros) .... **garrular ; grulhar**
emitir (o bem-te-vi) *com seu som estridente e característico* .... **estridular**
emitir o pio ou pipilo (a ave) .... **pipilar ; piar ; pipiar ; pio**
emitir voz (o papagaio) .... **parlar ; taramelar ; taramelear ; tartarear ; vociferar**
gorjeio dos pássaros .... **trinado**
grasnar do pato e outras aves .... **grazinar**
grasnar, palrar, garrular (a gralha e outras aves) .... **gralhar**
grasnar (vozearia de algumas aves como corvos, águias, patos etc.) .... **grasnir**
grasnido (som emitido pelo corvo e outras aves semelhantes) .... **crocito**
grito do papagaio-do-mangue .... **curau**
grito do papagaio-verdadeiro .... **curau**
pio de alguns pássaros e aves .... **piado**
pios agudos e longos da coruja .... **chirriar**
pipilar (piar), gorjear dos pássaros .... **chilrar**
procedimento de cantar (os pássaros e outros animais) .... **cantoria**
procedimento de chilrear; chilro .... **chilreio; chilrada ; chilreada**
procedimento de grasnar, a vozearia de algumas aves como corvos, águias, patos etc. ... **grasnido**

37. Vamos adivinhar?

O que é o que é:
É verde e não é planta,
Fala e não é gente?

____

Insetos, répteis e peixes

canto do grilo .... **cricrilo**

chiado emitido pela cobra .... **chocalhar; sibilar**

emitir (cigarra ou grilo) *com seu som estridente e característico* .... **estridular**

emitir voz (o lagarto) .... **farfalhar**

emitir voz (o morcego) .... **esgargalhar**

ronco do peixe .... **corcoroca** ou **corocoroca**

ruído de insetos .... **grilharia** ; **trinado**

ruído emitido pela cigarra etc. .... **grazina**

ruído emitido por outros animais como sapos, rãs etc. .... **grasnada**

ruído produzido pelo peixe roncador .... **coró**

soltar a voz (a cigarra) ... **cantar ; cigarrear ; fretenir ; carruscar ; chichiar ; chieira ; chirriar ; estrilar ; fritinir ; garritar ; grazinar ; guizalhar ; ralhar ; rangido ; rechiar ; rechinar ; referver ; refetenir ; retinir ; traquinar ; zangarrear**

soltar a voz (a rã e o sapo) .... **coaxar ; clamor ; engrolar ; estrugir ; flautear ; gargarejar ;
gasnir ; malhar ; ralar ; relar ; rouquejar ; tingalhar ; tintangalhar**

soltar a voz (insetos) .... **retinir**

soltar a voz (o gafanhoto) .... **chichiar**

soltar a voz (o grilo) .... **cricrilar; estridular; estrilar; grilar; grilhar; guizalhar**

soltar a voz (o jacaré) .... **chorar**

som agudo produzido por alguns animais (como pássaros, cobras etc.) .... **guincho; sibilo**

som agudo emitido por diversos animais como pássaros, cobras etc. ou por objetos .... **assobio
; sibilo ; sibilação ; silvar**

som sibilante .... **cicio**

trinar (alguns pássaros) *e silvar* (alguns animais como a cobra) *à maneira de assobio* .... **assobiar**

trinar de alguns pássaros .... **trino**

trissar da andorinha .... **trisso**

voz da cigarra .... **qué-qué-qué ; chieira ; chirriada ; crr-crr ; descantes ; estridor grazino; grilharia ; hosanas ; moteto ; rangido ; serranilha ; soído ; tonilho metálico ; zizi...**

voz da cobra .... **fssst ; sibilo ; silvo**

voz da rã e do sapo .... **blublu ; rã-rã ; réu-réu ; cantochão ; clach-clach ; co-á, co-á
; coax! coax! ; coaxo ; coaxido ; coro chasqueante ; croac! croac! ; croc croc ; inhé ; melopeia
melancólica ; quach! quach!**

voz do gafanhoto .... **estalido ; zic-zic ; zizio**

voz do grilo ...... **azarido ; cri-cri ; cricrido ; cris-cris ; gri-gri ; grilhada ; grilharia ; reco-reco ; tic-tic**

voz do jabuti .... **u**

voz do jacaré .... **choro**

38. Desenhe um gafanhoto e um grilo e escreva as vozes deles!

vozes do homem e outros animais

abaio .... **hô-hô**
ação de cantar (homem e animal); canto, cantoria .... **cantada**
ação de ziziar .... **ziziamento**
algo que causa estridor; ruidoso, estrepitoso .... **estridente ; estriduloso**
algo que tem som agudo e penetrante .... **estridente ; estriduloso**
assovio .... **fi, fi, fi, fi**
barulho emitido pelo homem .... **chorar**
barulho, gritaria .... **grulhada**
barulho de arroto .... **rooaar**
barulho de gritos semelhantes a mugidos .... **mugir ; berrar ; bramir**
barulho de tosse .... **cof-cof ; chrum, chrum! ; quefum, quefum**
barulho do ronco .... **regougo**
barulho intenso do latido da matilha que capturou a presa .... **halali**
bater papo, conversar .... **papear**
berro ou grito rouco, muito forte (de pessoas) *de dor* .... **urro**
cantar baixo e para si; cantorinhar, trautear .... **cantarolar**
cantar do cuco .... **cucar**
cantar ou emitir sons indistintos animadamente .... **chilrear**
canto desafinado .... **cantarola**
chamar, clamar por socorro .... **gritar**
chiar de modo repetido e/ou prolongado .... **chichiar**
chorar baixinho .... **choramingar**
chorar sem convicção e repetidamente .... **choramingar**
choro de criança recém-nascido .... **vagido**
choro de criança .... **chilido**
clamar; bradar em voz alta .... **atroar; troar**
clamar, vociferar, deblaterar .... **estrondar ; estrondear**
clamor de vozes; alarido .... **grita**
clamor, grito .... **bradado ; grita**
clamor humano .... **grito**
cochicho .... **sussurro**
concordância, assentimento .... **uhum!**
contar, dizer em voz de lamento .... **choramingar**
conversa .... **palra**
conversa fiada .... **quiquiriqui**
conversar .... **piar**
dar esturro .... **esturrar**
dar risadas semelhante ao relincho .... **relinchar**
desafinar .... **cantarolar**
desafio de cantadores .... **cantoria**
dito inconveniente, indiscreto; intrometimento .... **tagarelice**
dizer em voz baixa .... **ciciar**
emitir canto (o homem) .... **gazear**
emitir gritos à maneira de urros .... **urrar**
emitir (os animais) *sons intensos e inarticulados* .... **gritar**
emitir (pessoa) *som estridente e tristonho* .... **uivar**
emitir (pessoa) *som alto e desagradável* .... **grasnar**
emitir (pessoa) *som em tom irado, violento; bradar* .... **rugir**

emitir (pessoa) som semelhante ao corvo .... **corvejar**

emitir risos (pessoa) .... **rir**

emitir som audível (alguns animais) .... **cantar**

emitir som semelhante às aves .... **pipilar**

emitir voz escandalosa (pessoa) .... **rebusnar**

entoar frases melódicas .... **cantar**

exclamar, bradar .... **bramir**

expressar-se por meio de palavras .... **falar ; galrar ; queixar(-se)**

exprimir(-se) por entre soluços .... **soluçar**

falar alto .... **gritar**

falar baixo e com mau humor .... **resmungar**

falar confusamente ou com má dicção; engrolar .... **gralhar**

falar de maneira confusa, incompreensível .... **blaterar**

falar muito .... **bofar ; farfalhar ; palrar ; tagarelar**

falar muito e com agressividade; vociferar .... **blaterar**

falar ou cantar agudamente, com som estrídulo .... **esganiçar; estridular**

falatório (ruído) .... **falaraz**

falatório confuso das pessoas; vozearia; balbúrdia; bruzundanga ...... **grasnada**

fazer soar ou soar .... **trilar**

gagueira .... **hu! hu!**

gaguejar (falar com dificuldade, como o gago) .... **bodejar**

gaguejo .... **quequerequequê**

gargalhada .... **cascalhada;ah!ah!ah!ah!ouhá!há!há!há!;eh!eh! eh!eh!ouhe!he!he!he!;ih!ih!ih!ih!ouhi!hi!hi!hi!;huáhuá;quá-quá-quáouquá-quá-rá-quá-quá**

gemido .... **uh! uh! uh! uh!**

gemido, lamentação do homem .... **queixume**

gritar desnorteadamente; vociferar .... **bramir**

gritar (pessoa) .... **estrugir**

gritar (pessoa) sem motivo; esganiçar-se .... **ladrar**

gritaria .... **grilharia**

grito .... **brado ; uh! ou uh! uh! uh! uh!**

grito de alegria .... **urro**

grito de caça sob o som de tropas que anuncia que o veado está acuado .... **halali**

grito forte e constante de dor ou aflição .... **uivo**

hábito e muito falar, de tagarelar; loquacidade .... **garrulice ; tagarelice**

imitar a voz de outrem .... **remedar**

início de riso (prendendo até não aguentar e soltar) .... **mmm...**

melodia cadenciada e cantada .... **canto**

murmúrio (de pessoa) .... **hmmmn!**

o que cicia; cicioso, sussurrante, rumorejante .... **ciciante**

o que grita, berra .... **gritador**

o que há muitos gritos intensos de animais; grita, gritada, gritadeira .... **gritaria**

o que mia muito .... **miador**

o que ulula .... **ululador ; ululante**

que há garrulice .... **gárrulo**

que o aquele que fala usando tom de voz muito alto .... **gritador**

que pipila .... **pipilante ; pipitante**

que se bradou, foi dito ou divulgado em alta voz .... **bradado**

quem fala demais; tagarela .... **gárrulo**

pássaro que gorjeia ou canta muito; chilreador .... **gárrulo**

pedido de silêncio .... **shhhhh**

pessoa que canta muito	**gárrulo**
pessoa que fala muito; falador	**tagarela**
procedimento de cantar (pessoa)	**canto ; cantoria**
procedimento de cantarolar; cantarejo	**cantarola**
procedimento de chorar (emitir pranto, lágrimas)	**choro**
procedimento de falar muito	**tagarelice**
procedimento de palrar	**palração**
procedimento de pipiar, pipilar	**pipio**
procedimento de resmungar	**resmungo ; resmungado**
procedimento de rir do homem	**risada**
procedimento de taramelar; tagarelice	**taramelagem**
procedimento de vociferar ou clamar	**uivo**
procedimento que alguns animais têm, principalmente as aves, de imitar a voz humana	**remedar**
produzir grito	**ulular**
produzir (pessoa) som agudo	**sibilar**
produzir sons roucos	**rouquejar**
proferir violentamente; praguejar	**ladrar**
pronunciar por entre os dentes e com mau humor; rezingar	**resmungar**
qualidade, atributo do que é estridente	**estridência**
que cantarola ou é dado a cantarolar	**cantarolante**
que é enunciado, festejado ou louvado por meio de canto (2)	**cantado**
que é executado (um trecho musical) com a voz	**cantado**
que se cantou	**cantado**
queixa, protesto	**grito**
queixar-se em voz alta; protestar, reclamar	**chiar; gritar**
quem garrula; que é dado a garrular	**garrulante**
quem tem o som anasalado; fanhoso	**roufenho ; rouquenho**
repreender em tom de voz elevado	**ralhar**
reproduzir uma melodia com assobio	**assobiar**
resmungar	**grunhir**
resmungo de pessoa	**grunhido**
rir às gargalhadas	**esgargalhar**
rir franca e ruidosamente	**gargalhar**
risada	**ri, ri, ri**
risada debochada	**quás-quás-quás**
risada franca, forte, ruidosa e prolongada	**gargalhada**
risinho de satisfação ou de incredulidade	**rsrsrsrs**
riso do homem	**cá, cá, cá, cá**
riso, risada (principalmente do Papai-Noel)	**ho! ho! ho! ho!**
rogo ou queixa proferida em altas vozes	**clamor**
ruído do bocejo	**hanh!...**
ruído de conversa	**tagarelice**
ruído de voz confusa e simultânea	**gritaria**
ruído produzido pelo homem; dar bocejos	**bocejar**
sibilo; voz melodiosa	**trino**
soltar (a língua), falar muito; desentramelar	**desentaramelar ; destaramelar ; destramelar**
soltar a voz (pessoa)	**garrular ; grulhar**
soltar a voz intensa e inarticulada (alguns animais)	**bezoar**
som prolongado produzido pelo ser humano	**sibilo**
soltar gritos	**bradejar**
soltar vagido (o recém-nascido)	**vagir**
som agudo e prolongado produzido com os lábios (de pessoa)	**assobio**

som agudo semelhante ao dos animais ou do apito .... **assobio**
som de gemido, lamento .... **ulo**
som de grupo de vozes .... **cantoria**
som de assobio forte, grito muito agudo (feito com a voz humana) .... **iiiiiii**
som instrumental muito agudo .... **fífia**
som vocal usado para assustar alguém .... **bu! ou buuuu!**
sussurro brando .... **ruge-ruge**
sussurro confuso de vozes .... **cicio**
tagarela .... **cega-rega ; chilreador ; gárrulo ; grazina ; palrador**
tagarelar (falar, conversar muito) .... **alanzoar ; garrir ; garrulice ; gralhar ; grazinar ; papear ;**
tramelar ; taramelar ; taramelear
tagarelice .... **cacarejo**
tentar falar com a boca tapada .... **hmmmn! ; mmm... ; mmfmm**
urro de paixão .... **uh! uh! uh! uh!**
vaia, censura, troça, zombaria .... **bu!; fiau!; hu! ou uh!; uuuuu!**
vociferar (pessoa); gritar .... **estrilar**
voz aguda e contínua .... **chirrio**
voz chorosa, de dor .... **gemido**
voz confusa (de pessoa) .... **grugrulejar**
voz exclamativa usada pelos arrieiros e tropeiros do Sul do Brasil para incitar as bestas (animal)
a andarem .... **ajupe!**
voz da filomena (ave) .... **volata**
voz de assombração .... **uuuuu!**
voz de preocupação .... **iiiiiii**
voz de conseguir algo que se desejava .... **ah-ah!**
voz desafinada do homem .... **fífia**
voz de bocejo .... **uaaaah!**
voz de se espreguiçar .... **uaaaah!**
voz do homem .... **arremedo ; fala ; falaraz ; gritinho ; queixa**
voz do homem que é difícil de compreender; que apresenta rouquidão .... **rouco/a**
voz de tristeza ou desespero dos canídeos .... **uivo**
voz embargada (por causa da paixão) .... **mmm...**
voz esganiçada .... **ganido**
voz grossa .... **trombão**
voz, grito .... **aaaaa...**
voz harmoniosa .... **gorjeio**
voz intensa e inarticulada de alguns animais; berro .... **grito**
voz lamentosa do cão, do lobo ou de outros animais .... **uivo**
voz ou grito poderoso e rouco .... **crocito**
voz ou som melodioso .... **trinado**
voz para acalentar .... **nana ; nina**
voz roufenha (fanhosa) .... **roufenhar**
voz humana emitida com intensidade e voluntariamente; berro .... **grito**
voz exclamativa para acalmar o cavalo .... **ôôôôô**
voz exclamativa usada para açodar o cão para que persiga a caça ... **busca! ; isca! ; pega!**
voz exclamativa usada para açular os cães .... **pisca!**
voz exclamativa usada para chamar o boi .... **sal! sal!**
voz exclamativa usada para chamar a galinha e o pinto .... **pi-pi ou pi! pi! pi! pi!**
voz exclamativa usada para chamar o corrupião .... **fiu-fiu!**
voz exclamativa usada para chamar o gato .... **pshuit-pshuit!**
voz exclamativa usada para chamar os cabritos .... **chibo!**
voz exclamativa usada para chamar os cachorros .... **boche!**

voz exclamativa usada para chamar ou enxotar os porcos .... **coche!**
voz exclamativa usada para enxotar galinhas e outras aves .... **xispa!; xô!**
voz exclamativa usada para enxotar gado .... **oua, oua**
voz exclamativa usada para incitar as bestas (animal) a andarem .... **arre!**
voz exclamativa usada para incitar o gado a andar .... **êra! êra!**
voz exclamativa usada para tirar o gado do lugar .... **chá-chá!**
voz exclamativa usada pelos arrieiros e tropeiros do Sul do Brasil para incitar as bestas (animal) a andarem .... **ajupe!**
voz exclamativa usada pelos caçadores para açular os cães e pelos vaqueiros para tanger o gado .... **ecô!**
vozearia de gemidos; gemedoiro ou gemedouro .... **gemedeira**
vozerio, conversa vazia .... **trá-lá-lá**
vozerio de várias pessoas .... **taramela**
vozerio estridente e desagradável .... **chiado/a**
vozes abafadas .... **uuuuu!**

39. Catorze animais apareceram na fazenda da vovó: gato, cachorro, ovelha, leão, galinha, porco, gorila, tigre, pato, rinoceronte, jabuti, cobra, coelho e crocodilo!

    a) há quantos animais domésticos? _________ .

    b) há quantos animais selvagens? ________.

40. Caça-animais.

Encontre no caça-palavras os nomes de sete animais que apareceram numa outra fazenda:

r	a	o	v	e	l	h	a
e	c	v	e	d	n	a	s
g	a	l	i	n	h	a	e
a	v	o	r	p	a	l	b
c	a	c	h	o	r	r	o
o	l	a	u	r	e	n	i
b	o	v	g	a	t	o	s
a	m	t	e	p	o	r	o
p	o	r	c	o	b	o	e

41. Preencha com o nome do animal correspondente!

a) Ela sibila quando se assusta.
b) Ele gosta de mugir.
c) renhau-nhau ele faz.
d) rawww! é o som do meu rugido.
e) óinc! óinc! ou fum fum fum é a minha voz.
f) quiii! é o som que faço ao voar.

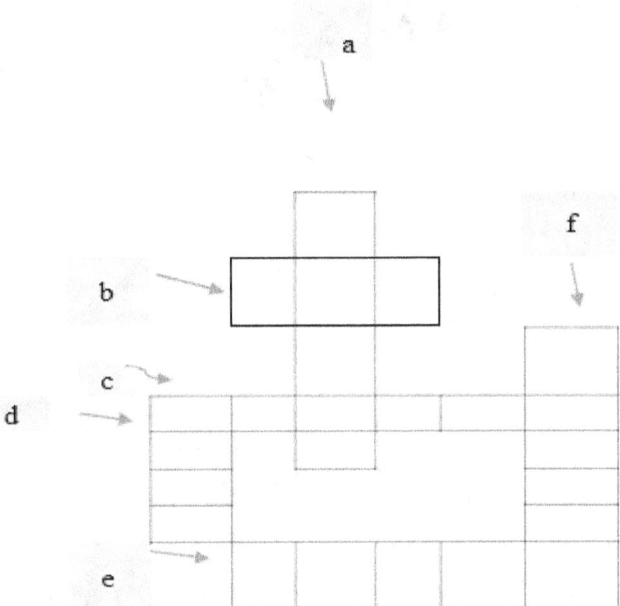

42. Vamos organizar a fazenda! Animais com pelos de um lado e animais com penas do outro lado. Os animais que estão na fazendo são: ovelha, falcão, boi, galinha, gorila, coruja, gato, pato, cavalo, corvo, tigre, papagaio.

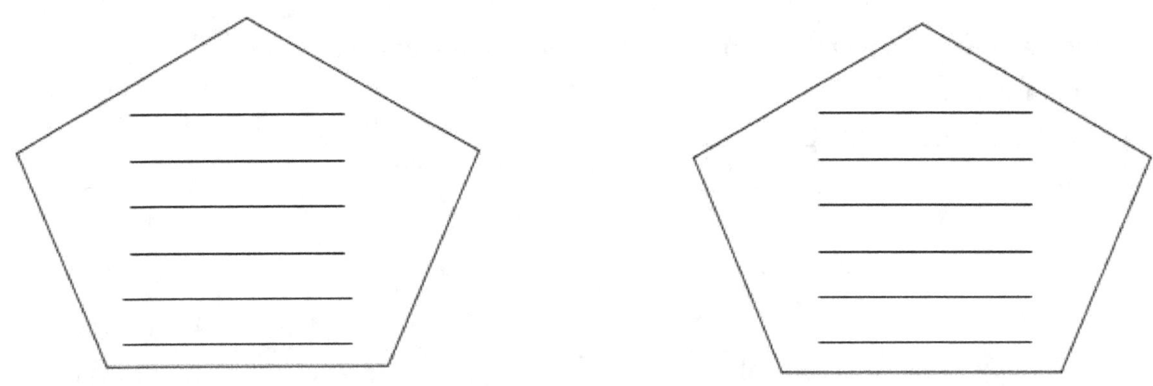

43. Sou um bípede (apoia-se ou desloca-se sobre dois pés) ou sou um quadrúpede (apoia-se ou desloca-se sobre quatro pés)?

Animais: *porco, avestruz, onça, pombo, gorila, pelicano, gato, rã, cavalo, pato, periquito, falcão, galinha, cachorro, ovelha.*

44. Vamos adivinhar?

a) Não tenho patas e para me locomover preciso de uma pele resistente.
Quem sou eu?

____

b) Minha pele é fina e úmida e minhas patas fortes me ajudam a altar.
Quem sou eu?

____

Gabarito

1. *ah! ah! ah!*

2. a) *aboo* – **b)** *au-au* – **c)** *arf!*

3. coruja → *buuuu!* — ovelha → *bééééé* — boi → *muuu!*

4. galo cantando – *cacaracá* e *cocorocó*; galinha acabando de pôr ovo – *có, có, có, có, corocó*, sapo – *coach! coach!*; pardal – *chi-trri... trri... trri..*

5. óinc! óinc!

6. menina – *grrr!*; tigre – *grow!*; macaco – *hi! hi! hi! hi!*

7. moça com o gato – *nana*; gato dormindo – *nhau*; gato pedindo colo – *minhau*; gato indo embora – *miéu*

8. a critério do aluno *mmmmm*; *mmmmmêêêêê*; *mu*; *mu-mu*; *muuu!*

9. desenhos por escolha.

10. andorinha – *qui-qui-qui*; ganso – *qué-qué-qué*; pato – *quac!*

11. gorila – *rawww!*; grilo – *tic-tic*; cavalo – *riiinch!* ou *ri-lin-chin-chin*

12. falcão – *uh! uh! uh! uh!*; papagaio – *currupaco* ou *currupaco-papaco.*

13. cão – *caim!*; cavalo – *riiinch!*; coruja – *bu!*; corvo – *crau!*; galinha – *có...*; gavião – *croc!*; pato – *quac!*

14. a) bem-te-vi – **b)** cabrito – **c)** pato – **d)** coruja – **e)** galo

15.

							c
	p						a
	o	a	n	a	c	ã	r
	r						n
	c			r			e
	o			ã			i
							r
		c	a	v	a	l	o
b	o	i					

16. Desenho a critério de cada um.

17. Vagão 1 – *him* ; vagão 2 – *fuéééé* ; vagão 3 – *muuu!*

18. *crr-crr*; *qué-qué-qué*; *zizi...*

19. a) assobiar – **b)** bocejar – **c)** berrar – **d)** assoprar

20. a) cigarra/ *chirriar* – **b)** andorinha/ *chilrear* – **c)** corvo/ *crascitar* – **d)** galo/ *cantarolar* – **e)** coruja/ *corujar* – **f)** cuco/ *cucar*

21. a) falcão – **b)** garça – **c)** andorinha – **d)** gralha

22. desenhos das aves.

23. a) papagaio – **b)** pintinho – **c)** cão – **d)** gato – **e)** vaca

	g					p	
	a					i	
	t					n	
	o		v			t	
p	a	p	a	g	a	i	o
			c			n	
			a			h	
		c	ã	o		o	

24. Desenho de cão e gato

25. a) assopra, bufa e sopra – **b)** ladra, rosna e late – **c)** rebusna, pateia e pateja – **d)** guincha, grunhe a regrunhi

26. desenho escolhido.

27. tagarelar e tartarear

28. a) coacha/croc, croc – **b)** relincha/ riiinch! – **c)** mia/ miau – **d)** muge / muuuu

29. a) berro – **b)** aulido – **c)** arrulho – **d)** assobio

30. Respostas diversas: *cué, cué*; *fum, fum,fum*; *guí...guí*; ou óinc! óinc!

31. a) a cigarra – **b)** o peru – **c)** o gafanhoto – **d)** o pato

32.

	M			G	A	L	O
	U						M
	L						A
	A						R
							R
		G	A	T	O		E
							C
							A

33. palra, palraria, palratório, pálrea

34. a) silvo; **b)** coaxido; **c)** cricrilo; **d)** choro **e)** desenho livre

35. Resposta livre.

36. desenho feito por escolha.

37. papagaio

38. gafanhoto – *zic-zic* ou *zizio* ; grilo – *cri-cri* ; *cris-cris* ; *gri-gri* ; *reco-reco* ou *tic-tic*

39. a) oito   **b)** seis

40.

		o	v	e	l	h	a
	c						
g	a	l	i	n	h	a	
	v						b
c	a	c	h	o	r	r	o
	l						i
	o		g	a	t	o	
p	o	r	c	o			

41. a) cobra – **b)** boi – **c)** gato – **d)** tigre – **e)** porco – **f)** falcão

42. animais com penas: coruja – falcão – pato – galinha – papagaio - corvo;
animais com pelos: gato – ovelha – boi – cavalo – tigre – gorila

43. bípede: avestruz; pombo; gorila; pelicano; pato; periquito; falcão; galinha;
— **quadrúpede:** porco; onça; gorila; gato; rã; cavalo; cachorro; ovelha.

44. a) cobra; **b)** rã

REFERÊNCIAS BIBLIOGRÁFICAS

ALCÂNTARA MACHADO, Antônio. *Pathé-Baby*. São Paulo: Editorial Hélios Limitada, 1926.

ALENCAR, José de. *Iracema*. 15ª ed. São Paulo: Ática, 1984.

__________. *O Sertanejo*. Guanabara: Litra Cia. Brasileira Divulgação, s/d. 2 vols.

ALEXANDRE HERCULANO. *Lendas e Narrativas*. 13ª ed. 2 vols. Paris – Lisboa – Rio de Janeiro: Livrarias Aillaud e Bertand, s/d.

ALMEIDA, Guilherme de. *Toda a Poesia*. São Paulo: Martins, 1955. 6 tomos.

ALMEIDA, José Américo de. *A Bagaceira*. 10ª ed. Rio de Janeiro: José Olímpio, 1968.

ALMEIRA PRADO, Lucília Junqueira de. *Cheiro de terra*. 2ª ed. Rio de Janeiro: Record, 1989.

ANDERSEN, Hans Christian. *Contos de Andersen*. Trad.: Tomás Rosa Bueno. São Paulo: Martins Fontes, 1993.

ANDRADE, Mário de. *Amar, verbo intransitivo – Idílio*. Rio de Janeiro: nova Fronteira, 2013.

__________. *Macunaíma*. 32ª ed. Belo Horizonte/Rio de Janeiro: Livraria Garnier, 2001.

__________. *Melhores poemas de Mário de Andrade*. Seleção de LOPEZ, Telê Porto Ancona. 7ª ed. São Paulo: Global, 2003. (Melhores poemas: 21).

__________. *Obra imatura*. Rio de Janeiro: Agir Editora, 2009.

ANDRADE, Oswald de. *Marco Zero I: A revolução melancólica*. 4ª ed. São Paulo: Globo, 2008.

ARAGÃO, J. Guilherme de. *Paixão e fim de Valério Caluête*. Rio de Janeiro: Agir; Brasília: INL, 1978.

ARINOS, Afonso. *Os jagunços*. 3ª ed. Rio de Janeiro: Philobiblion; [Brasília]: INL, 1985.

AZEVEDO, Aluísio. *Casa de Pensão*. 7ª ed. São Paulo: Ática, 1992.

AZEVEDO, Ricardo. *Armazém do folclore*. São Paulo: Ática, 2000.

__________. *Dezenove poemas desengonçados*. 7ª ed. e 10ª impr. São Paulo: Ática, 2008.

__________. *Três lados da mesma moeda*. 2ª ed., 3ª impr. São Paulo: Ática, 2001.

__________. *Estrela da Vida Inteira*. Rio de Janeiro: José Olímpio, 1966.

AZEVEDO, Wagner. *Dicionário de Onomatopeias e Vocábulos Expressivos: registrados nas literaturas brasileira e portuguesa, em letras da MPB e nas histórias em quadrinhos*. Rio de Janeiro: Autografia, 2016.

BARROS, Manoel de. *O guardador de águas*. 2ª ed. Rio de Janeiro: Record, 1998.

BASTOS, Dau. *Das trips, coração*. Rio de Janeiro: Editora Marco Zero, 1984.

BENAMEUR, Jeanne. *Se até as árvores morrem*. Trad.: Luciano Machado, São Paulo: Edições SM, 2006. (Estado de Alerta).

BERNARDES, Pe. Manuel. *Nova Floresta*. Lisboa: Oficina de Valentim da Costa [1º e o 2º], MDCCVI, 1708; Lisboa: Oficina Deslandesiana [o 3ª], MDCCXI; Lisboa Ocidental: Oficina de José Antônio da Silva [o 4º e o 5º], MDC-CXXVI e MDCCXXVIII.

BRAGA, Rubem. *200 crônicas escolhidas*. 22ª ed. Rio de Janeiro: Record, 2004.

BRASIL, Bosco. *Office-boy em apuros*. 2ª ed. São Paulo: Ática, 1995. (Vaga-Lume).

CAMINHA, Adolfo. *A Normalista*. Editora Tecnoprint S. A., s/d. (Edições de Ouro); e São Paulo: Editora Três, 1973. (nº 9).

CAMPOS, Paulo Mendes. *Quatro histórias de ladrão e outras crônicas*. Rio de Janeiro: Agir, 2005.

CARDOSO, Elis de Almeida. *As Onomatopeias de Drummond*. Filologia linguística portuguesa, n°. 7, 2005, pp. 81-92.

CARVALHO, José Cândido de. *O Coronel e o Lobisomem*. 34ª ed. Rio de Janeiro: José Olympio, 1985.

CARVALHO RAMOS, Hugo de. *Tropas e Boiadas*. 5ª ed. Intr. de M. Cavalcanti Proença. Rio de Janeiro: José Olímpio, 1965.

CASCUDO, Luís da Câmara. *Antologia do Folclore Brasileiro*. 6ª ed. São Paulo: Global, 2003. Vol. 2.

__________. *Canto de Muro*. 3ª ed. Rio de Janeiro: José Olympio, 1978.

__________. *Folclore do Brasil*. 3ª ed. São Paulo: Global, 2012.

__________. *História dos nossos gestos*. São Paulo: Global, 2003.

__________. *Lendas brasileiras (Folclore)*. Rio de Janeiro: Ediouro, s/d.

CASTRO ALVES. *Obras Completas*. Rio de Janeiro: Editora José Aguilar Ltda., 1960.

__________. *Os escravos*. São Paulo: Klick Editora, s/d.

CAVALCANTI, E. di. *Viagem de Minha Vida I. O Testamento da Alvorada*. Rio de Janeiro: Editora Civilização Brasileira, S. A., 1955.

CEARENSE, Catullo da Paixão. *Fabulas e Allegorias*. 2ª ed. Rio de Janeiro: Civilização Brasileira, 1934.

COELHO NETO. *Banzo*. 2ª ed. Porto: Livraria Chardron, 1927.

__________. *Inverno em Flor*. Porto: Livraria Chardron, 1928.

__________. *Rei Negro*. 2ª ed. Porto: Livraria Chardron, 1926.

__________. *Sertão*. 3ª ed. Porto: Livraria Chardron, s/d.

__________. *Trevas*. 2ª ed. Porto: Livraria Chardron, 1916.

COLASANTI, Marina. *Doze reis e a moça no labirinto do vento*. 12ª ed. São Paulo: Global, 2006.

__________. *Uma ideia toda azul*. São Paulo: Global, 2005.

CORREIA GARÇÃO. *Obras Poéticas e Oratórias de P. A. Correia Garção*. Com introdução e notas por J. A. de Azevedo Castro. Roma: Tipografia dos Irmãos Centenari, 1888.

COX, Josephine. *Uma mulher, três amores*. Trad.: Ana Quintana. Rio de Janeiro: Bertrand Brasil, 2006.

CUNHA, Euclides da. *Os Sertões*. Rio de Janeiro: Ediouro, s/d.

DRUMMOND DE ANDRADE, Carlos. *Contos plausíveis*. 7ª ed. Rio de Janeiro: Record, 2006.

FAGUNDES TELES, Lígia. *Ciranda de pedra*. 13ª ed. Rio de Janeiro: José Olímpio, 1981.

FERREIRA, Ascenso. *Catimbó: cana caiana: xenhenhém*. 6ª ed. São Paulo, WMF Martins Fontes, 2008. (Coleção poetas do Brasil).

FILHO, José Rezende e BRASIL, Assis. *Tonico e Carniça*. 7ª ed. São Paulo: Ática, 1995.

FRABETTI, Carlo. *O mundo flutuante*. Trad.: Heitor Ferraz Mello. São Paulo: Edições SM, 2006.

FRANKLIN DÓRIA. *Evangelina*. Rio de Janeiro – Paris: H. Garnier: Livreiro-Editor, 1906.

GAITE, Carmen Martín. *Chapeuzinho Vermelho em Manhattan*. 2ª ed. Trad.: Ruth Rocha. São Paulo: Martins Fontes, 2001. (Coleção escola de magia).

GERVÁSIO, Sabá. (Org.). *As Mil e Uma Noites*. São Paulo: Editora Abril, 1973.

GIFFONI, Luís. *O caçador de yétis*. São Paulo: Moderna, 1996. (Coleção veredas).

GONÇALVES CRESPO. *Obras Completas*. 2ª ed. Lisboa: Empresa Literária Fluminense, s/d.

GONÇALVES, Ricardo. *Ipês*. São Paulo: Monteiro Lobato & Cia Editores, s/d.

GUEDES, Luiz Roberto. *Armadilha para lobisomem*. São Paulo: Cortez, 2005. (Coleção astrolábio).

GUIMARÃES, Bernardo. *A escrava Isaura*. São Paulo: Ática, 1995.

GUIMARÃES ROSA, João. *Ave, Palavra*. Rio de Janeiro: Nova Fronteira, 2001.

__________. *Corpo de Baile*. Rio de Janeiro: Nova Fronteira, 2006. Edição Comemorativa 50 anos. (1956-2006). 2 vols.

__________. *Estas Estórias*. 5ª ed. Rio de Janeiro: Nova Fronteira, 2001.

__________. *Grande Sertão: Veredas*. 19ª ed. Rio de Janeiro: Nova Fronteira, 2001.

__________. *Magma*. Rio de Janeiro: Nova Fronteira, 1997.

__________. *Primeiras Estórias*. 8ª ed. Rio de Janeiro: José Olympio, 1975.

__________. *Sagarana*. Rio de Janeiro: Nova Fronteira, 2006. Edição Comemorativa 50 anos. (1956-2006).

__________. *Tutameia*. 7ª ed. Rio de Janeiro: Nova Fronteira, 1990.

GWYNNE, John A. [*et al.*]. *Aves do Brasil*: pantanal e cerrado. Trad.: Martha Argel. São Paulo: Editora Horizonte; Nova York: Comstock Publishing Associates, 2010.

HILST, Hilda. *Poemas malditos, gozosos e devotos*. 2ª ed. São Paulo: Globo, 2005.

HOMERO. *Odisseia*. Texto em português de Marques Rebêlo. São Paulo: Abril Cultural, 1980.

JOSÉ, Ganymédes. *Um girassol na janela*. 43ª ed. São Paulo: Moderna, 1984.

LEAL, José Carlos. *Não haverá amanhã*. 9ª ed. Belo Horizonte, 1994.

LEMINSKI, Paulo. *Catatau*. São Paulo: Iluminuras, 2010.

LEO VÍTOR. *Círculo de Giz*. Rio de Janeiro: Lia Editor, s/d.

LINDGREN, Astrid. *Píppi nos mares do sul*. Trad.: Maria de Macedo. São Paulo: Companhia das Letrinhas, 2003.

LIMA, Jorge de. *Invenção de Orfeu*. Rio de Janeiro: Record, 2005.

LIMA BARRETO. Coisas de mafuá. In: *Crônicas Escolhidas*. Folha de S. Paulo, 1995.

__________. *Os Bruzundangas*. 4ª ed. São Paulo: Ática, 2011.

LOPES NETO, João Simões. *Obra completa*. Porto Alegre: Sulina, 2003.

LOYOLA BRANDÃO, Ignácio de. *Cadeiras proibidas*. 3ª ed. rev. e aum. Rio de Janeiro: Codecri, 1981.

__________. *Zero*. 12ª ed. São Paulo: Global, 2001.

MACEDO, Joaquim Manuel de. *A carteira de meu tio*. Rio de Janeiro: Record, 2001.

__________. *A luneta mágica*. 10ª ed. São Paulo: Ática, 1999.

__________. *Teatro Completo I*. Rio de Janeiro: Serviço Nacional do Teatro, 1979.

__________. __________. *II*. Rio de Janeiro: Serviço Nacional do Teatro, 1979.

MACHADO, Ana Maria. *De olho nas penas*. 2ª ed., 28ª impr. São Paulo: Salamandra, 2003.

__________. *Do outro mundo*. São Paulo: Ática, 2003.

MACHADO DE ASSIS. *Contos de Machado de Assis*. Rio de Janeiro: Record, 2008. Vol. 3.

__________. *Esaú e Jacó*. 3ª ed. São Paulo: Ática, 1990.

MEIRELES, Cecília. *Olhinhos de Gato*. São Paulo: Moderna, 1980.

MIA COUTO. *O gato e o escuro*. São Paulo: Companhia das Letrinhas, 2008.

MORICONI, Italo. (Org.). *Os cem melhores contos brasileiros do século*. Rio de Janeiro: Objetiva, 2001.

MOTA, Mauro. *O Pátio Vermelho*. Rio de Janeiro: Edições Orfeu, 1968.

NEJAR, Carlos. *A Idade da Noite: poesia I*. São Paulo: Ateliê Editorial; Rio de Janeiro: Biblioteca nacional, 2002.

NICOLELIS, Giselda Laporta. *Melhores dias virão*. 3ª ed. São Paulo: Saraiva, 2004. (Jabuti).

PAIVA, Manuel de Oliveira. *Dona Guidinha do Poço*. Editora Tecnoprint S. A., s/d. (Edições de Ouro); e São Paulo: Editora Três, 1973. (nº 20).

PAIXÃO, Ana Rita. (Org.). *Contos populares fluminenses (do RJ)*. Rio de Janeiro: INEPAC/ Divisão de Folclore, s/d.

PALMÉRIO, Mário. *Chapadão do Bugre*. 11ª ed. Rio de Janeiro: José Olympio, 1987.

PIAI, Arlete e PACCINI, Maria Júlia. *Viajando pelo folclore de norte a sul*. São Paulo: Cortez, 2005.

PITBULL, Dr. Brad. *A galera vai...* Rio de Janeiro: Frente Editora, s/d.

POMPÉIA, Raul. *O Ateneu*. 16ª ed. São Paulo: Ática, 1996.

PROENÇA, Augusto César. *Raízes do Pantanal: Cangas e canzis*. Belo Horizonte, Itatiana; Brasil, DF: INL, 1989.

QUEIROZ, André. *Outros nomes, sopro*. Rio de Janeiro: 7 Letras, 2004.

QUINTANA, Mário. *Melhores Poemas*. 17ª ed. São Paulo: Global, 2005. (Melhores poemas: 4).

RAMOS, Graciliano. *Cangaços*. Rio de Janeiro: Record, 2014.

RANGEL, Godofredo. *Os Humildes*. São Paulo: Editora Universitária, 1944.

REBOUÇAS, Thalita. *Fala sério, mãe*. 2ª ed. rev. e ampl. Rio de Janeiro: Rocco Jovens Leitores, 2012.

__________. *Tudo por um pop star*. Rio de Janeiro: Rocco, 2003.

RIBEIRO, Júlio. *A Carne*. Rio de Janeiro: Gráfica Editora Primor; São Paulo: Editora Três, 1972. (nº 4).

RIO, João do. *Antologia dos contos*. São Paulo: Lazuli; Companhia Editora Nacional, 2010.

RODRIGUES, Nélson. *A vida como ela é...: O homem fiel e outros contos*. Seleção de CASTRO, Ruy. São Paulo: Companhia da Letras, 1992.

ROMANO, Olavo. *Os mundos daquele tempo*. 2ª ed. São Paulo: Atual, 1990. (Série transas e tramas).

SANDRONI, Paula. *Rato de teatro*. São Paulo: Global, 2002.

SARAMAGO, José. *O evangelho segundo Jesus Cristo*. São Paulo: Companhia das Letras, 1991.

SCLIAR, Moacyr. *Os melhores contos*. Seleção de ZILBERMAN, Regina. 3ª ed. São Paulo: Global, 1988.

SILVA, Marília T. Barboza da e OLIVEIRA FILHO, Arthur L. de. *Cartola: os tempos idos*. 3ª ed. Rio de Janeiro: Funarte, 1997. (Coleção MPB; 10).

SILVEIRA, Joel. *Onda Raivosa*. São Paulo: Editora Rumo Limitada, s/d.

SILVEIRA, Maria José. *Malcriadas*. São Paulo: Edições SM, 2006. (Muriqui).

SILVEIRA, Valdomiro. *Os Caboclos*. 4ª ed. Rio de Janeiro: Civilização Brasileira; Brasília, INL, 1975.

STINE, R. L. *O gato da meia-noite*. Trad.: Marília Van Boekel Cheola. Rio de Janeiro: Rocco, 2004. (Fantasma da Rua do Medo).

STONE, Tom B. *A vingança dos dinossauros*. Trad.: Cláudio Figueiredo. Rio de Janeiro: Rocco, 2001. (Escola do Terror).

TAUNAY, Visconde de. *Inocência*. Rio de Janeiro: Editora Três, 1972. [Publ. pela 1ª vez em 1872]. (nº 7).

TAVARES, Carlos. *O ventre do diabo*. São Paulo: Global, 1986.

TAVARES RODRIGUES, Urbano. *Vida Perigosa*. Lisboa: Livraria Bertrand, 1955.

VASCONCELOS, Leite de. "Vozes de animais e relações fónicas do homem com elas" in *Portucale*, VII, pp. 3-11.

VORSKY, Eleonora V. *A vingança do bastardo*. 2ª ed. Rio de Janeiro: Desiderata, 2007.

WATANABE, Luci Guimarães. *De que foi que eu morri?* 20ª ed. São Paulo: Atual, 2004.

WEINER, Jennifer. *Pequenos terremotos*. Trad.: Fabiana Colasanti. Rio de Janeiro: Record, 2006.

WILDER, Laura Ingalls. *Os primeiros quatro anos*. Trad.: Manuel Inocêncio L. dos Santos. Rio de Janeiro: Record, 1971.

XAVIER, Raul. *Romance e poesia do Norte*. Rio de Janeiro: Cátedra; Brasília: INL, 1980.

REFERÊNCIAS BIBLIOGRÁFICAS DE DICIONÁRIOS E GLOSSÁRIOS

AULETE, Caldas. *Dicionário Contemporâneo da Língua Portuguesa*. 5ª ed. Rio de Janeiro: Delta, 1964, 5 vols.

CASCUDO, Luís da Câmara. *Dicionário do folclore brasileiro*. 6ª ed. Belo Horizonte: Itatiaia, 1988.

CHIARADIA, Clóvis. *Dicionário de palavras brasileiras de origem indígena*. São Paulo: Limiar, 2008.

CUNHA, Antônio Geraldo da. *Dicionário etimológico da língua portuguesa*. 4ª ed. rev. e atual. Rio de Janeiro: Lexikon, 2010.

__________. *Dicionário histórico das palavras portuguesas de origem tupi*. 4ª ed. São Paulo: Melhoramentos; Brasília: UnB, 1998.

DICIONÁRIO CRAVO ALBIN DA MÚSICA POPULAR BRASILEIRA. Disponível em: < http://www.dicionariompb.com.br/ >.

FERREIRA, Aurélio Buarque de Holanda. *Novo Dicionário da Língua Portuguesa*. 2ª ed. rev. e aum. Rio de Janeiro: Nova Fronteira, 1986.

FIGUEIREDO, Cândido de. *Novo dicionário da língua portuguesa*. 5ª ed. ampl. e atual. Lisboa: Bertrand; Rio de Janeiro: W. M. Jackson [1939?]. 2 vols.

FREIRE, Laudelino. *Grande e Novíssimo Dicionário da Língua Portuguesa*. Rio de Janeiro: A Noite, 1934-1944, 5 vols.

HOUAISS, Antônio e VILLAR, Mauro de Salles. *Dicionário Houaiss da Língua Portuguesa*. 1ª ed. Instituto Antônio Houaiss de Lexicografia e Banco de Dados da Língua Portuguesa S/C Ltda. Rio de Janeiro: Objetiva, 2001.

__________. *Dicionário Houaiss da Língua Portuguesa* (versão eletrônica). 1.0. Rio de Janeiro: Objetiva, 2009.

__________. *Grande dicionário Houaiss da Língua Portuguesa*. Rio de Janeiro: Objetiva, 2001 (2008).

IHERING, Rodolpho von. *Dicionário dos animais do Brasil*. São Paulo, 1940.

LEMOS, Júlio de. *Pequeno dicionário luso-brasileiro de vozes de animais (onomatopeias e definições)*. Lisboa: Revista de Portugal, 1946.

MACHADO, José Pedro de. *Dicionário etimológico da língua portuguesa*. Lisboa: Horizonte, 1952-1959. 2 vols.

__________. *Dicionário etimológico da língua portuguesa*. 3ª ed. Lisboa: Horizonte, 1977, 5 vols.

__________. (Coor.) *Grande dicionário da língua portuguesa*. Lisboa: Amigos do Livro, 1981, 2 vols.

MAURICÉIA FILHO, A. (Celso de Araxama). *Dicionário de curiosidades etimológicas*. Rio de Janeiro: Irmãos Pongetti Editores, 1961.

MIRANDA, Vicente Chermont de. Glossário paraense — coleção de vocábulos peculiares à Amazônia e especialmente à Ilha de Marajó, *apud* AMARAL, Amadeu. *O dialeto caipira*. São Paulo: Hucitec, 1981.

MONTOYA, Antonio Ruiz de. *Vocabulário de la Lengua Guarani*. s/d.

MORAIS SILVA, Antonio de. *Grande Dicionário da Língua Portuguesa*. 10ª ed. rev. e cor., muito aum, e atual. Lisboa: Confluência, 1949, 12 vols.

NASCENTES, Antenor. *Dicionário etimológico da língua portuguesa*. Rio de Janeiro, 1923.

__________. *Dicionário etimológico resumido*. Rio de Janeiro: INL/MEC, 1966.

STRADELLI, Ermani. *Vocabulário Nheêngatu-Português e Português- Nheêngatu*, s/d.

VOCABULÁRIO ORTOGRÁFICO DA LÍNGUA PORTUGUESA / Academia Brasileira de Letras. 5ª ed. São Paulo: Global, 2009.

REFERÊNCIAS BIBLIOGRÁFICAS DAS HQ

ALLAN POE, Edgard. *O corvo*. Trad.: Machado de Assis. São Paulo: Peirópolis, 2009.

CASCÃO. nº 465. . Editora Globo. Outubro de 2000.

CHICO BENTO. nº 8. Editora Panini Comics e Maurício de Souza. Julho de 2008. (Edição histórica. Novembro de 1982).

__________. nº 15. Editora Panini Comics e Maurício de Souza. Janeiro de 2010. (Edição histórica. Março de 1983).

__________. nº 19. Editora Panini Comics e Maurício de Souza. Setembro de 2010. (Edição histórica. Maio de 1983).

__________. nº 64. Editora Panini Comics e Maurício de Souza. Abril de 2012.

COELHO, Raquel. *A arte dos quadrinhos*. São Paulo: Formado Editorial, 2007. (Coleção No Caminho das Artes).

DAVIS, Jim. *Garfield está de dieta*. Trad.: Agência Internacional Press. Porto Alegre. L & PM, 2013. Vol. 2.

__________. *Garfield um charme de gato*. Trad.: Agência Internacional Press. Porto Alegre. L & PM, 2013. Vol. 7.

HENFIL. *A volta da graúna*. São Paulo: Geração Editorial, 2003.

HERGÉ. *Explorando a lua*. (As aventuras de Tintim). Trad.: Eduardo Brandão. São Paulo: Companhia das Letras, 2012.

__________. *O caso Girassol*. (As aventuras de Tintim). Trad.: Eduardo Brandão. São Paulo: Companhia das Letras, 2012.

HOMEM-ARANHA. nº 45. Editora Abril. Março de 1987.

__________. nº 55. Editora Abril. Janeiro de 1988.

KIRCHNER, Dan. *Diário de Dan*: danem-se! Trad.: Clene Salles. São Paulo: Planeta, 2012.

LIGA DA JUSTIÇA – Internacional. nº 11. *Milênio. A caça a o grande mestre*. Editora Abril. Novembro de 1989.

LULU e BOLINHA. *A festa das bruxas*. nº 51. Outubro de 1978. Edição Especial.

MAGALI. nº 49. Editora Panini Comics e Maurício de Souza. Janeiro de 2011.

__________. nº 58. Editora Panini Comics e Maurício de Souza. Outubro de 2011.

MAGALI, Almanaque da. nº 55. Editora Globo e Maurício de Souza. Agosto de 2006.

MENDES, Miguel. *Fábulas da obra de Monteiro Lobato*. São Paulo: Globo, 2011. (Coleção Monteiro Lobato em quadrinhos).

MICKEY. nº 861. Ed. Abril, 2014.

__________. nº 879. Ed. Abril, 2015.

MÔNICA. nº 31. Ed. Panini Comics e Maurício de Souza. Setembro de 2012. (Edição histórica de 1972).

__________. nº 50. Ed. Panini Comics e Maurício de Souza. Fevereiro de 2011.

__________. nº 100. Ed. Panini Comics e Maurício de Souza. Abril de 2015

__________. nº 136. Ed. Globo e Maurício de Souza. Março de 1998.

MÔNICA, Turma da. *Almanaque Historinhas de três páginas*. nº 3. Ed. Globo. Fevereiro de 2009.

MÔNICA JOVEM, Turma da. nº 11. Ed. Panini Comics e Maurício de Souza. Junho de 2009.

ORTEGA, Denise. *Os doze trabalhos de Hércules*. (Adap. da obra de Monteiro Lobato). São Paulo: Globo, 2012. (Coleção Monteiro Lobato em quadrinhos).

PATO DONALD. nº 2449. Ed. Abril, 2015.

__________. nº 2451. Ed. Abril, 2016.

__________. nº 2452. *O Mestre Chef*. Ed. Abril, 2016.

__________. nº 2453. Ed. Abril, 2016.

PENADINHO, As Melhores Piadas do. nº 18. Ed. Abril. Dezembro de 1986.

PERRAULT, Charles; BASILE, Giambattista e STRAPAROLA. *O gato de botas*. Adap.: Ramon M. Scheidemantel. Blumenau: Sonar, 2011.

RUAS, Carlos. *Boteco dos deuses*. (Um sábado qualquer). 2ª ed. Campinas. São Paulo: Verus, 2014.

SCHEIDEMANTEL, Ramon M. *O patinho bonito*. Blumenau: Sonar, 2011.

SHELLEY, Mary. *Frankenstein*. Em quadrinhos. Adap.: Marion Mousse. São Paulo: Moderna, 2009.

SOUSA, Maurício de. *Bidu: 50 anos*. Barueri, SP: Panini Nooks, 2009.

SUPER POWERS. nº 13. *Esquadão suicida: atrás da cortina de ferro*. Ed. Abril. Maio de 1989.

TIO PATINHAS. nº 603. Ed. Abril, 2015.

__________. nº 608. Ed. Abril, 2016.

__________. nº 609. Ed. Abril, 2016.

__________. nº 610. Ed. Abril, 2016.

TIO PATINHAS, A Saga do. *O Último Membro do Clã Mac Patinhas*. Ed. Abril. Abril de 2007. Vol. 1. Cap. 1.
__________. *O Senhor do Mississipi*. Ed. Abril. Abril de 2007. Vol. 1. Cap. 2.
TITÃS, Os Novos. n° 40. *Missão na União Soviética*. Ed. Abril. Julho de 89.
TOSTÃO e seus amigos de, As melhores histórias de. Ano I, n. 1°. Ed. Vecchi. Outubro de 1975.
TURMA DO LAMBE-LAMBE. *Uma festa junina de verdade*. n° 14. Ed. Abril. Junho de 1983.
TWIST, Revista. n° 3. (Encarte publicitário parte integrante da edição da revista Superinteressante n° 256).
URTIGÃO. *50 anos*. Ed. Abril, 2014.
VERISSIMO, Erico. *As Aventuras de Tibicuera*. Em quadrinhos. Ruy Trindade. (desenhos). Salvador: Secretaria da Cultura e Turismo, EGBA, 2000.
ZÉ CARIOCA. n° 2412. Ed. Abril, 2015.
__________. n° 2417. Ed. Abril, 2016.
__________. n° 2418. Ed. Abril, 2016.
ZIRALDO. *A turma do Pererê: coisas do coração*. São Paulo: Globo, 2009.
__________. *Maluquinho assombrado*. São Paulo: Globo, 2012.
__________. *Maluquinho de família*. São Paulo: Globo, 2009.
ZORNOW, Jeff. *A lenda do cavaleiro sem cabeça*. Trad.: Luciana Garcia. São Paulo: Prumo, 2013.

CRÉDITO DAS CANÇÕES

A morte do vaqueiro (Luiz Gonzaga / Nelson Barbalho), toada, 1963, gravação de Luiz Gonzaga, RCA Victor, LP "Pisa no pilão".

A rã (Caetano Veloso / João Donato), bossa-nova, 1974, gravação de Gal Costa com part. esp. de João Donato, Philips, LP "Cantar".

A rolinha (Selma do Coco e Zezinho), coco, 1998, gravação de Selma do Coco, Paraddoxx, CD "Minha História".

Acauã (Hervê Cordovil), toada, 1952, gravação de Luiz Gonzaga, Victor, 78 rpm "Acauã/Adeus, Pernambuco".

Acauã (J. B. Silva / Sinhô), MPB, 2000, gravação de Teca Calazans, Kuarup, CD "Alma de tupi".

Adeus... (Cinco letras que choram) (Silvino Neto), samba-canção, 1952, gravação de Orlando Silva, Copacabana, 78 rpm, "Adeus... (Cinco letras que choram/Noite de Natal)".

Agora podes chorar (Adoniran Barbosa / José Nicolini), samba, 1936, gravação de Adoniran Barbosa, Columbia, 78 rpm.

Alegria da vida (Marcos Valle / Paulo Sérgio Valle / Nelson Motta), infantil, 2002, gravação de Zélia Duncan, Som Livre, CD "Superfantástico – Quando eu era pequeno... (Vários intérpretes)".

Alguma prova (Alvin L. / Marina Lima), pop, 2001, gravação de Marina Lima, Abril Music, CD "Setembro".

Arara (Lulu Santos), MPB, 1987, gravação de Gal Costa, BMG Ariola, LP "Lua de Mel como o diabo gosta".

As abelhas (Enriquez / Vinícius de Moraes), infantil, 1980, gravação de Moraes Moreira com part. de Osvaldinho, Ariola, LP "A Arca de Noé – 1".

Assim, assim! (Ismael Silva / Noel Rosa / Francisco Alves), samba, 1932, gravação de Carmem Miranda, Victor, 78 rpm, "Assim, assim!/Espera um pouquinho".

Beija-flor (Zé Raimundo / Xéxeu), MPB, 1995, gravação de Marina Lima, EMI-Odeon, CD "Abrigo".

Bem-te-vi (Dalto / Cláudio Rabello), MPB, 1981, gravação de Renato Terra, PolyGram, LP "Renato Terra".

Bem-te-vi (Roberto Roberti / Rogério Nascimento), MPB, 1940, gravação de Dircinha Batista, Odeon, 78 rpm, "Bem--te-vi/Se eu tivesse um milhão".

Bem-te-vi (Sinhô), samba, 1927, gravação de Sinhô, Odeon, 78 rpm, "Bem-te-vi".

Bem-te-vi (Waldemar Silva / Frazão), marcha, 1955, gravação de Orlando Silva, Odeon, 78 rpm, "Dia de pagamento/ Bem-te-vi".

Bem-te-vi atrevido (Lina Pesce), canção, 1988, gravação de Roberto Inglez, EMI/Revivendo, CD "Dalva de Oliveira, Roberto Inglez e sua orquestra".

Berro (Ednardo), MPB, 2001, gravação de Ednardo, BMG, CD "Ednardo – 2 LP's em 1".

Bicharia (Luiz Enriquez / Sergio Bardotti / Chico Buarque), infantil, 1977, Philips, LP "Os Saltimbancos".

Bom dia tristeza (Adoniran Barbosa / Vinícius de Moraes), MPB, 1984, gravação de Adoniran Barbosa e Elis Regina, Eldorado, LP "Adoniran Barbosa – Documento inédito".

Cachorro doido (Zeca Baleiro / Fernanda Abreu), MPB, 2005, gravação de Zeca Baleiro, MZA/Univesal, CD "Baladas do asfalto & outros blues".

Cai dentro (Baden Powell / Paulo César Pinheiro), MPB, 1979, gravação de Elis Regina, WEA, LP "Elis – essa mulher".

Canção do amor que lhe dou (Lourival Faissal), MPB, 1961, gravação de Orlando Silva, RCA Victor, 78 rpm, "Terminarei tua canção/Canção do amor que lhe dou".

Canta, menina, canta (Arnaldo Passos / Monsueto), MPB, 1957, gravação de Marlene, Sínter, LP "Vamos cantar com Marlene".

Cantando no Toró (Chico Buarque), MPB, 1987, gravação de Chico Buarque, RCA Victor/Ariola, LP "Francisco".

Cantando sem saber cantar (Capiba), valsa, 1982, gravação de Expedito Baracho, Rozenblit, LP "Capiba ontem, hoje, sempre".

Cantei (Hugo Costa), baião, 1970, gravação de Luiz Gonzaga, RCA Victor, LP "Sertão 70".

Canto em qualquer canto (Itamar Assumpção / Ná Ozzetti), MPB, 2005, gravação de Ney Matogrosso, Universal Music, CD "Canto em qualquer canto".

Carente Profissional (Cazuza / Frejat), pop/rock, 1993, gravação de Marina Lima, EMI-Odeon, CD "O chamado".

Casa e jardim (Alvin L. / Vinícius Messena), MPB, 1995, gravação de Marina Lima, EMI-Odeon, CD "Abrigo".

Chora coração (Altay Veloso / Aladim), MPB, 1992, gravação de Alcione, RCA, LP "Pulsa coração".

Chorando baixinho (Abel Ferreira), MPB, 2010, gravação de Paulo Moura e Paulo Sérgio, Kuarup, "Noites Cariocas – Ao vivo no Municipal".

Chorando pela natureza (João Nogueira / Paulo César Pinheiro), samba, 1994, gravação de João Nogueira e Paulo César Pinheiro, Velas, CD "Parceria".

Chorando pelos dedos (Cláudio Jorge / João Nogueira), samba, 1975, gravação de João Nogueira, Odeon, LP "Vem que tem".

Chorei, chorei (Candeia), samba, 1970, gravação de Candeia, Gravadora Equipe, LP "Autêntico – Candeia".

Choro sim (Ismael Silva), samba, 1973, gravação de Ismael Silva, RCA Victor, LP "Se você jurar".

Chororô (Gilberto Gil), MPB, 1981, gravação de Gilberto Gil, WEA Discos, CD "Gilberto Gil em Montreux Festival".

Cigarra (Milton Nascimento / Ronaldo Bastos), MPB, 1978, gravação de Simone, EMI/Odeon, LP "Cigarra".

Cocorocó (Paulo da Portela), samba, 1979, gravação de Clementina e Roberto Ribeiro, EMI, LP "Clementina e convidados".

Co-co-uá (*La Gallina Coccouá* – L. Barftoli / versão: Edgard B. Poças), infantil, 1982, gravação de A Turma do Balão Mágico, CBS, LP "A Turma do Balão Mágico".

Comissão de frente (João Bosco / Aldir Blanc), samba-enredo, 1982, gravação de João Bosco, Ariola, LP "Comissão de frente (João Bosco)".

Coró-cocó (Mauro Celso), MPB, 1976, gravação de Mauro Celso, RCA Victor, Compactor.

Fogo-pagou (Rivaldo Serrano de Andrade), baião, 1973, gravação de Luiz Gonzaga, Odeon, LP "Luiz Gonzaga".

Iracema (Adoniran Barbosa), samba, 1980, gravação de Adoniran Barbosa, EMI-Odeon, LP "Adoniran Barbosa".

Isso não se faz (Ismael Silva), samba, 1933, gravação de João Petra de Barros, Odeon, 78 rpm, "Sorrindo sempre/Isso não se faz".

Jardins da babilônia (Rita Lee / Lee Marcucci), pop/rock, 1996, gravação de Barão Vermelho, WEA, CD "B@rão Vermelho".

Lágrimas de diamantes (Moska), pop, 2003, gravação de Moska, Casulo, CD "Tudo novo de novo".

Mãe Maria (Custódio Mesquita / David Nasser), samba, 1943, gravação de Nelson Gonçalves, RCA Victor, 78 rpm, "Quando a saudade vier/Mãe Maria".

Mar deserto (Moska), pop, 2001, gravação de Moska, EMI Music, CD, "Eu falso da minha vida o que eu quiser (Moska)".

Marcha do pintinho (Hilton Simões / Alventino / Cavalcante e Tex), marcha, dez./1960, Carnaval de 1961, gravação de Emilinha Borba, 78 rpm, Columbia.

Marchinha do grande galo (Có, có, có, có, có, có, có, ró) (Lamartine Babo / Paulo Barbosa na canção), marcha, 1975, gravação de Carmen Miranda, MCA Records/PolyGram, LP "South American way – Carmen Miranda".

Menina da festa (Zezum / Graça Góis), xaxado, 1997, gravação de Genival Lacerda, RGE, CD "O Photógrafo".

Meu pintinho (Chico Roque / Carlos Colla), infantil, 1989, gravação de Trem da Alegria, RCA, LP "Trem da Alegria".

Miau... miau (Haroldo Lobo / Milton de Oliveira), MPB, 2001, gravação de Aracy de Almeida, Sesc-SP, CD "A música brasileira deste século por seus autores e intérpretes – Aracy de Almeida".

Não chora (Silvio Caldas / Alberto Ribeiro), MPB, 1938, gravação de Silvio Caldas, Columbia, 78 rpm, "Mente ao meu coração/Não chora".

Não chores assim (Silvio Caldas / Alberto Ribeiro), MPB, 1946, gravação de Silvio Caldas, Continental, 78 rpm, "Não chores assim/Pastora dos olhos castanhos".

Não é gente não (Carlos Careqa), MPB, 2004, gravação de Carlos Careqa, Thanx God Records/Tratore, CD "Não sou filho de ninguém".

Não sei dançar (Alvin L.), MPB, 1991, gravação de Marina Lima, EMI-Odeon, CD "Marina Lima".

O pato (Jaime Silva e Neusa Teixeira), MPB, 1995, gravação de João Gilberto, WEA Music, CD "Mestres da MPB – João Gilberto – vol. 2".

O pato (Toquinho / Vinícius de Moraes), infantil, 1980, gravação de MPB-4, Ariola, LP "A Arca de Noé – 1".

O peru (Toquinho / Vinícius de Moraes / Paulo Soledad), infantil, 1981, gravação de Elba Ramalho, Ariola, LP "Arca de Noé – 2".

O portão (Roberto Carlos / Erasmo Carlos), MPB, 1974, CBS, LP "Roberto Carlos".

O som dos bichos (Renato Rocha / G. Amaral), MPB, 1981, gravação de MPB-4, Ariola, LP "Adivinha o que é".

Ode aos ratos (Edu Lobo / Chico Buarque), MPB, 2001, gravação de Chico Buarque, BMG Brasil, "Cambaio – Trilha sonora da peça. Músicas de Chico Buarque e Edu Lobo".

Onde? (Marina Lima / Antônio Cícero), pop, 1985, gravação de Marina Lima, PolyGram/Universal, LP "Todas".

Papagaio Zé Brasil (Cláudio Roberto / Mario Antonio / Juninho Ferreira), infantil, 1986, gravação de Trem da Alegria, RCA, LP "Trem da Alegria".

Passaredo (Francis Hime / Chico Buarque), MPB, 1976, gravação de Chico Buarque, Phonogram, LP "Meus caros amigos".

Por ti (Sá Roris / Leonel Azevedo), valsa, 1939, gravação de Orlando Silva, Victor, 78 rpm, "Por ti/Sertaneja".

Promessa (Custódio Mesquita / Evaldo Rui), samba, 1943, gravação de Silvio Caldas, Victor, 78 rpm, "Promessa/A vida em quatro tempo".

Quanto num chorei (Ary Barroso), samba, 1998, gravação de Célia e Celma, Revivendo, CD "Célia & Celma cantam Ary Barroso: Ary Mineiro".

Quá-quá-quá (Gradim), MPB, 1945, gravação de Carlos Galhardo, RCA Victor, 78 rpm, "Morocha linda/Quá-quá--quá".

Quá, quá, quá (Lauro dos Santos), MPB, 1930, gravação de Francisco Alves, Odeon 78 rpm, "Deixa essa mulher chorar/Quá, quá, quá".

Quás-quás-quás (Efson), samba, 1987, gravação de Marquinhos Satã, RCA/Ariola, LP "Marquinhos Satã".

Queixas de colombina (Arlindo Marques / Roberto Roberti), samba, 1935, gravação de Carmem Miranda, Odeon, 78 rpm, "Foi numa noite assim/Queixas de colombina".

Quem me dera (Capiba), canção, 1941, gravação de Ciro Monteiro, Victor, 78 rpm.

Quem não chora não mama (Paquito / Romeu Gentil), marcha, 1959, gravação de Jackson do Pandeiro, Columbia, 78 rpm, "Naquela base/Quem não chora não mama".

Quequerequequê (João da Baiana / Pixinguinha), samba, 1956, gravação de João da Baiana, Odeon, 78 rpm, "Quequerequequê/Saudação a Iemanjá".

Quero-quero (Djavan), MPB, 1994, gravação de Djavan, Sony Music, CD "Novena".

Ratinho escovando os dentes (Hélio Ziskind), infantil, 1995, gravação de Hélio Ziskind, Universal, CD "Castelo Rá-Tim-Bum".

Ratinho tomando banho (Hélio Ziskind), infantil, 1995, gravação de Hélio Ziskind, Universal, CD "Castelo Rá-Tim--Bum".

Rato, rato (Casemiro Rocha / Claudino Manoel Costa), gravação como choro, mas o original é polca, 1945, gravação de Ademilde Fonseca, Continental, 78 rpm, "Rato, rato/História difícil".

Rebichada (Chico Buarque / Luiz Enriquez / Sergio Bardotti), infantil, 1981, gravação de Chico Buarque e Os Trapalhões, Universal, LP "Os Saltimbancos Trapalhões".

Ri, palhaço (Miguel Guimarães Júnior / Catulo), MPB, 1931, gravação de Francisco Alves, Odeon, 78 rpm, "Ri, palhaço/Arturinha".

Ri pra não chorar (Ismael Silva / Francisco Alves), samba, 1931, gravação de Francisco Alves, Odeon, 78 rpm, "Sinto saudade/Ri para não chorar".

Rock da cachorra (Léo Jaime), pop/rock, 1982, gravação de Eduardo Dussek, Polydor, LP "Cantando no banheiro".

Roendo as unhas (Paulinho da Viola), samba, choro, 1973, gravação de Paulinho da Viola, Odeon, LP "Nervos de aço".

Roendo unha (Luiz Gonzaga / Luiz Ramalho), baião, 1976, gravação de Luiz Gonzaga, RCA/Camden, LP "Capim novo".

Sabiá (Sinhô), samba, 1928, gravação de Mário Reis, Odeon, 78 rpm, "Sabiá/Deus nos livre dos castigos das mulheres".

Samba dos passarinhos (Moacyr Luz / Martinho da Vila), samba, 2008, gravação de Moacyr Luz, Biscoito Fino, CD "Batucando".

Se a lua contasse (Custódio Mesquita), marcha, 1986, gravação de Marlene, FUNART, LP "Custódio Mesquita – Prazer em conhecê-lo".

Serei feliz (Vinícius Cantuária / Marina Lima / Ronaldo Bastos), MPB, 1991, gravação de Marina Lima, EMI-Odeon, CD "Marina Lima".

Tenho uma coisa pra lhe dizer (Capiba), canção, 1981, gravação de Claudionor Germano, Rozenblit, LP "Carnaval Capiba I – Capiba 25 anos de frevo".

Todo dia o galo canta (Chico Salles / Beto Moura), MPB, 2002, gravação de Chico Salles, Independente, CD "Nordestino carioca".

Triste cuíca (Noel Rosa / Hervê Cordovil), samba, 2000, gravação de Hervê Cordovil, Sesc-SP, CD "A música brasileira deste século por seus autores e intérpretes – Hervê Cordovil".

Um girassol da cor do seu cabelo (Lô Borges / Márcio Borges), MPB, 1972, gravação de Lô Borges, EMI-Odeon, "Clube da esquina – Milton Nascimento e Lô Borges".

Velho Realejo (Custódio Mesquita / Sadi Cabral), samba-batucada, 1940, gravação de Silvio Caldas, Victor, 78 rpm, "Mulher/Velho realejo".

Virtual(mente) (*Road thang* – Slater / Cook / versão: Nilo Romero), pop, 1997, gravação de Paulinho Moska, EMI-Odeon, CD "Através do espelho – Ao vivo".

Volta por cima (Paulo Vanzolini), MPB, 1973, gravação de Maria Bethânia, PolyGram, LP "Drama 3º ato (Maria Bethânia)".

Vou deitar e rolar (Quaquaraquaquá) (Baden Powell / Paulo César Pinheiro), MPB, 1970, gravação de Elis Regina, Philips, LP "Em Pleno Verão".